U0084081

古典文獻研究輯刊

二十編

潘美月・杜潔祥 主編

第 14 冊

荀子之心性論研究在台灣

蔡 連 吉 著

國家圖書館出版品預行編目資料

荀子之心性論研究在台灣／蔡連吉 著 -- 初版 -- 新北市：花木
蘭文化出版社，2015〔民 104〕
目 2+130 面；19×26 公分
（古典文獻研究輯刊 二十編：第 14 冊）
ISBN 978-986-404-095-7（精裝）
1.（周）荀況 2.學術思想 3.先秦哲學
011.08   103027405

ISBN-978-986-404-095-7

9 789864 040957

古典文獻研究輯刊
二十編　第十四冊　　　　　　　ISBN：978-986-404-095-7

荀子之心性論研究在台灣

作　　者　蔡連吉
主　　編　潘美月　杜潔祥
總 編 輯　杜潔祥
副總編輯　楊嘉樂
編　　輯　許郁翎
企劃出版　北京大學文化資源研究中心
出　　版　花木蘭文化出版社
社　　長　高小娟
聯絡地址　235 新北市中和區中安街七二號十三樓
　　　　　電話：02-2923-1455／傳真：02-2923-1452
網　　址　http://www.huamulan.tw 信箱 hml810518@gmail.com
印　　刷　普羅文化出版廣告事業
初　　版　2015 年 3 月
定　　價　二十編 24 冊（精裝）台幣 42,000 元
版權所有・請勿翻印

荀子之心性論研究在台灣

蔡連吉　著

作者簡介

蔡連吉，台灣嘉義人，1965 年生。台南師範學院社會科教育學系學士，雲林科技大學漢學資料整理研究所碩士。曾任「竹山傳訊」編輯委員、「竹山鎮九二一地震紀實」、「竹山風情錄」撰稿人之一，現為人和國民小學教師兼教務組長。

忝任教職以來，常浸淫於傳統典籍之研讀，嚮往有朝一日能專事於先秦思想之研究；然而宥於自身研究能力之限制，每因不得其門而入而喟嘆！直到研究所期間師事李哲賢教授，始得一窺漢學研究之堂奧，在李教授耐心指導下，終於完成《荀子之心性論研究在台灣》之碩士論文。

提　要

荀子乃先秦儒學之殿軍，其學無所不窺，舉凡政治、社會、經濟、名理、心性及人生等皆有其個人之弘識。有關荀子之研究，在台灣學界已作出極為可喜之成績。從目前台灣學界已出版之荀子相關論著看來，有關荀子心性論之研究，在質和量方面皆已甚豐碩。惟就目前已發表之論著而言，無論是在荀子性惡說之意義及其定位，抑或對心性論之分析與詮釋，如，心與性之關係、心在道德實踐上之意義及依據等，學者之論點，有所分歧，然亦頗有獨到之處，值得吾人之借鏡。

本文題為《荀子之心性論研究在台灣》，所討論之對象以曾在台灣從事教學或研究之學者所發表之中文論著為準，分別就一些較為重要之論著作一論述，就已有之研究成果，作一述評，並說明其未來可能之研究發展方向。

誌　謝

　　本論文得以完成，要感謝許多人給我的指導與支持。首先要感謝我的指導教授李哲賢教授，在繁忙的教學與研究之際，仍抽出許多寶貴時間與我討論。從一開始的論文命題、參考資料的蒐集整理、論文的架構、研究方法的探討以及內容的撰寫等，都能不厭其煩的給我許多指導與建議。尤其是論文初稿完成時，更是花費許多時間，多次細心的修正許多文稿的錯誤，使我能在極為匆促的情況下，趕得上送審的時間，並且順利完成論文口考，如果沒有李教授辛苦的指導，本論文是無法完成的。

　　此外，我要感謝聯合大學劉煥雲教授於論文口考上，多方指正論文格式方面的不少疏失。劉教授的指教，適時匡正學生的多處缺失，使我受益良多。其次，要感謝吳進安教授於口考時，對論文內容及相關的論述觀點給予學生許多寶貴的意見，亦使我獲益匪淺。另外要感謝這幾年來教導過我的師長，由於他們各種專業領域的學術薰陶，使自己在漢學研究的專業領域視野上，能有所提昇。同時也要感謝我的同窗彭振利君，不斷與筆者切磋討論，亦使我啟發甚多。

　　最後要感謝我家人的支持和親友的關心，特別是我的內人，這些年來，多虧她的體諒與包容，並在精神上給我莫大的鼓勵與支持，使我能無後顧之憂，順利完成本論文。

目次

第一章 緒 論

第一節 研究動機和目的

儒家心性之學自孔子（551～479B.C.）後，以孟子（372～289B.C.）的心性論爲主流，而荀子（325？～221？B.C.）則從不同的角度探討人性，爲心性之學開闢另一蹊徑。孟子主張性善，而荀子則從客觀的環境觀察人性，主張性惡。荀子之言性惡，係就自然情慾所衍生之流弊言之，且認爲唯有化性起僞方能成德、致治。荀子爲戰國末年之大儒，曾於齊國稷下學宮三爲祭酒，是先秦儒家之殿軍，在先秦至兩漢經學之發展上，荀子實扮演極爲重要之角色；作爲先秦儒學殿軍的荀子，其學無所不窺，舉凡人生、政治、軍事、教育、心性、知識名理及天人關係等莫不有其個人獨到之見解，其中尤以心性之學最爲著稱且亦最具爭議。國內有關荀子之研究，其中亦以心性方面之研究成果最爲豐碩，且學者之觀點最爲紛歧。可惜國內學界至今尚未有對荀子心性論在台灣之研究成果作一完整而深入的再研究。因此，引發筆者選擇「荀子之心性論研究在台灣」，作爲碩士論文之研究主題，希望能對此一主題作一完整剖析，且能完整呈現國內學界對荀子之研究成果，以作爲國內學界研究荀子時之參考，此爲本論文的研究動機之一。

此外，國內學界對於荀子心性論之研究，其觀點頗爲分歧。有關「荀子性惡說之意義」，主要有下列幾種看法：一、「人性本惡說」二、「人性向惡說」三、「人性向善說」四、人性是中性的。其次，是有關荀子性惡說之定位問題。有學者主張性惡說在荀子學說中佔有中心之地位，然而，亦有學者反對此說，

認為性惡說並不代表荀子對人性的根本觀點或並非〈性惡〉篇之中心議題，由此而發展「偽」的理論來取代之。

此外，有關荀子學說中之心、性關係之研究，學者之看法亦多有不同，有認為荀子是以「心」為「性」者，亦有主張荀子不以「心」為「性」者。此外，對於荀子學說中，心在道德實踐上之意義及依據，學者之看法亦頗為分歧，有認為心有「自由意志」，在道德實踐上具有完全之主宰性；亦有學者認為，心僅具認知意義，在道德實踐上並無必然之保證，依此，本論文希望透過國內學界有關荀子心性論研究之詮釋觀點及就其中一些觀點分歧之議題，予以分析與批判，或可提供國內外學界一些新的、具有啟發性的見解，此為本論文的研究動機之二。

本論文盼能藉由國內學界的荀子心性論之研究成果進行全面而深入的再研究，俾能完整呈現國內學界之荀子研究成果，或可提供學界在荀子研究方面之參考，此為本論文之主要研究目的。

第二節　研究方法與內容

一、文獻分析法

本論文以「荀子之心性論研究在台灣」為題，旨在探討《荀子》心性論之相關論點，在文本方面，本文採用藝文印書館印行之清代王先謙《荀子集解》為底本，並佐以近人李滌生之《荀子集釋》、梁啟雄之《荀子約注》和張覺之《荀子校注》等書。筆者盡力蒐集國內有關荀子心性論研究之相關文獻，包括專著、單篇論文及學位論文等。在蒐集資料的動作告一段落之後，再針對本論文研究的內容進行主要論點之整理和分析，並予以摘述。

二、批判研究法

在整理並摘述與本論文所探討之對象的主要論點後，再運用歸納的方法，將所蒐集的文獻資料中所探討的各種議題予以歸納，並加以析論。在析論的過程中，則將國內學者在荀子之心性論研究的各個議題之研究成果予以整合，以作為本論文所探討之荀子心性論研究議題之評論標準，而後再依據這些標準，對本論文所歸納的各個議題予以逐一探討，判別其中的是非得失，最後，筆者再依此提出對各個議題的見解。

三、章節內容簡述

本論文共分六章，其內容如下：

第一章　緒論：說明本論文的研究動機與目的以及研究方法和內容概述。

第二章　荀子研究在台灣之概況：旨在敘述荀子學說的主要思想，並敘述荀子學研究在台灣的概況。

第三章　荀子之心性論研究在台灣述要：旨在摘選國內學界有關荀子心性論研究中，較為重要且具影響力的著作加以摘述，以呈現國內學界有關荀子之心性論研究的成果，並作為第四章及第五章探討的基礎。

第四章　荀子之性論研究在台灣析論：本章分二小節來探討學界有關荀子之性論研究，並依下列主題：一、性惡說的意義；二、性惡說之定位，將學者之研究成果作一客觀析論。

第五章　荀子之心論研究在台灣析論：本章共分二小節來探討學界有關荀子之心論研究，並依下列主題：一、心與性之關係；二、心在道德實踐上之意義及依據，將學者之研究成果作一客觀析論。

第六章　結論：為本文所作研究之綜合性敘述，並依此提出國內學界對荀子之心性論研究的貢獻以及未來研究之展望。

第二章　荀子研究在台灣之概況

第一節　荀子學說之基本觀點

一、荀子之生平簡介

　　荀子（325？～221？B.C.）〔註1〕名況，字卿，趙國人。荀子的生卒年代，不可確考，只能做大略的推斷。〔註2〕至於其生平事蹟，首見於司馬遷《史記》之中：

> 荀卿，趙人。年五十，始來遊學於齊。鄒衍之術迂大而閎辯；奭也文具難施；淳于髡久與處，有得善言。故齊人頌曰：「談天衍，雕龍奭，炙轂過髡。」田駢之屬，皆已死。齊襄王時，而荀卿最爲老師。齊尚脩列大夫之缺，而荀卿三爲祭酒焉。齊人或讒荀卿，荀卿乃適楚，而春申君以爲蘭陵令。春申君死而荀卿廢，因家蘭陵。〔註3〕

依此，荀子一生影響後世最深遠的，應該是在齊的稷下學宮與任職楚的蘭陵令時期，荀子曾兩度到稷下，稷下學宮創辦於齊桓公當政時期（375～357B.C.），歷時一百五十年。其前期狀況最盛，號稱有學士數十萬。齊閔王十五年（285B.C.），荀子年約五十歲，始遊齊國，後來，荀子進諫，不爲閔王接受，於是離開齊國。西元前284年，燕陷齊都臨淄，齊閔王被殺。西元前279

〔註1〕參見〈荀子生平大事簡表〉，收於北大哲學系注釋：《荀子新注》（台北：里仁書局，1983年），頁613～619。

〔註2〕參見陳大齊：《荀子學說》（臺北：中國文化大學出版社，1989年），頁1。

〔註3〕司馬遷：《史記·孟子荀卿列傳》（台北：中華書局1997年），頁2343～2348。

年，齊襄王復國，招集昔日學士於稷下學宮，荀子又回到齊國，由於田駢等老一輩的學者已經凋零；愼到、接子等人又不在齊國，荀子因爲年高德邵而「最爲老師」，擔任學宮領袖的重任，而爲稷下「列大夫」之首，形成儒家中的荀子學派。〔註4〕

西元前265年，秦國勢力強大，已代齊而爲西方強國，齊王已無意發展國力及學術，司馬遷云：「齊人或讒荀卿，荀卿乃適楚，而春申君以爲蘭陵令。」〔註5〕荀子終不爲齊王所重視，於是離開齊國，先遊秦而後入楚，關於荀子遊楚之記載，司馬遷云：「春申君相楚八年，爲楚北伐、滅魯，以荀卿爲蘭陵令。」〔註6〕荀子於秦時，因不能受重用，故入楚爲蘭陵令。及至晚年，荀子則居於楚之蘭陵，據劉向所云：「客又說春申君曰：『息伊尹去夏入殷，殷王而下亡。管仲去魯入秦，魯弱而齊強。夫賢者之所在，其君未嘗不尊，國未嘗不榮也，今孫子，天下賢人也。君何辭之？』春申君又曰：『善。』於是使人請孫子於趙。」〔註7〕故荀子於回楚後再次爲蘭陵令，後春申君被刺死，荀子廢，居蘭陵以終。綜上所述，可見荀子周遊各國以闡揚其學說之概況，對於了解其學說有一定的助益，正如近人梁啓雄所說：

> 荀子去今二千有餘年矣！現存周、漢古籍道及荀子事蹟者，記載本
> 甚簡略，文字又多訛舛，即悉心鉤稽，尤感雖窺其概；益以片詞孤
> 證又彼此牴觸矛盾，因此難以考其實而指其眞。〔註8〕

《荀子・非相篇》亦云：「文久而滅，節族久而絕」，法上古之事，不易求得其眞，而荀子事蹟亦是「文久而滅」；職此之故，進一步探討荀子所處之時代背景，對於了解荀子學說的基本概念，必然有相當的助益。

二、時代背景

荀子處於舊秩序瓦解，新秩序尚未完全建立的時代，荀子試圖建立安身立命的價值；在那個思想多元的時代，荀子學說產生了重大的影響；在政治、社會方面，由於各國諸侯激烈戰爭和兼併，逐步建立了中央集權制度，「郡縣制」取代了貴族世襲的封地，官僚統治的中央集權政府逐漸形成。到戰國末

〔註4〕參見廖名春：《荀子新探》（臺北：文津出版社，1994年）頁24～25。
〔註5〕廖名春：《荀子新探》，頁21～40。
〔註6〕司馬遷：《史記》，頁2387。
〔註7〕劉向：《戰國策》（台北：里仁書局，1990年），頁566。
〔註8〕梁啓雄：《荀子約注》（台北：世界書局，1982年），頁411。

期，秦國已成為獨一無二的強國，奠定其併天下的堅實基礎。〔註9〕在這個背景下，社會階層產生了流動與分工的現象；春秋之後，封建制度逐漸崩壞，各國競爭激烈，為加強自己的實力，執政者開始從平民中選用適合時代的政治人才；戰國時，「貴族沒落，平民崛起」的趨勢更加明顯。尚賢思想的流行，產生「布衣卿相」之局，封建制度於是瓦解。

荀子生長的年代，私營手工業應運而生，規模大者，富可敵國，商業貿易的發展，也促使商業都市興起；封建制度、列強爭霸逐漸走入尾聲，取代的是中央集權帝國的建立；在這個時代背景下，荀子在〈王制〉〈富國〉等篇中針對政治、經濟、文化各方面提出一系列主張，希望透過社會分化，使人的能力獲得發揮，建立富足之社會。〔註10〕

在天文學方面，荀子的時代已對天體運行的規律性進行討論，出現對宇宙起源、結構和演化的理論；醫學方面，中醫理論已初步建立，春秋末期，關於生命、疾病、死亡等問題，已逐漸從自然界方面做出說明；農業生產技術部分，由於鐵器的使用，耕作方面獲得極大的便利，水利工程建設也有長足進步；基於上述關於天文與人的瞭解，荀子看出人為力量的重要，因此形成其「天人之分」、「性偽之分」的觀念，並提出「天生人成」之思想。〔註11〕

在思想的表現方面，時代來到周室東遷之際，貴族沒落，孔子開私人講學之風氣，使平民也有受教育的機會，並且創立儒家學派，教育普及後，發展出不同政治思想及人生觀，因而形成百家爭鳴之盛況，如在戰國初期，儒、墨並稱顯學，以及道家、法家、縱橫家、名家等，先後形成學派，戰國初期，楊朱、墨子言論已為主流，儒家思想在齊國已不敵陰陽家；自商鞅變法成功以後，法家勢力範圍抬頭，此時標榜「仁政」的儒家，已無法獲得青睞〔註12〕，在這個時代背景，荀子繼承了儒家思想，建立「內聖外王」之思想體系。

〔註9〕參見陳致平：《中國通史》（一）（上海：上海人民出版社，1991 年），頁 417～442。

〔註10〕參見楊寬：《戰國史》（台灣：商務印書館，1998 年），頁 279～292；鄺士元：《國史論衡》第一冊（臺北：里仁書局，1980 年），頁 104～111。

〔註11〕參見申先甲：《中國春秋戰國科技史》（北京：人民出版社，1994 年），頁 24～30、157～159。

〔註12〕參見陳致平：《中國通史（一）》頁 461～462；鄺士元《國史論衡（一）》，頁 108～114；楊寬《戰國史》頁 400～404。

三、荀子學說的基本觀點

作為先秦儒學之殿軍的荀子，乃是中國古代一位博學而有創見的學者，其言論涉及各領域之學問，有人因此稱之為中國的亞理士多德（Aristotle，384～322B.C.）；然而，因荀子以主張性惡著稱，其他學說遂為所掩，自宋以後，益多詆毀，甚至以洪水猛獸視之。〔註 13〕吾人發現，先秦諸子之歷史評價，鮮少有如荀子這般「每況愈下」。誠如齊思和在《荀子引得》序中所述：

> 余維太史公敘列諸子，以孟荀同傳，於二子未嘗軒輊也。……清汪容甫著《荀卿通論》，以為「蓋自七十子之徒既沒，漢諸儒未興，中更戰國暴秦之亂，六藝之傳，賴以不絕者，荀子也。」荀學之行，於斯為盛。至唐韓愈始以荀子之言為「大醇小疵」，自是學者不以荀子為醇儒。至宋孟子大行，列之為《四書》，尊之為一經。尊孟則不得不抑荀，遂詆其言為異端之說，擯其學於道統之外，甚或舉暴秦之罪，盡歸之荀卿。雖通人雅士，於其書鮮寓目者，而荀學幾絕矣。〔註 14〕

到了清代，學者才逐漸擺脫前人的偏見，並為之辯誣，但仍以荀子之崇尚禮義為重，然而荀子學說之範圍是很廣泛的，除了禮義之外，其他有關自然、心理、思辨等均有獨到之見解。且荀子之學說有其一貫性，均自幾項基本觀點出發並形成其學說體系〔註 15〕，以下僅就以下幾個面向來加以說明。

（一）「天生人成」之原則

回溯到先秦時代，在思想界盛行著法天主義，孔子即說：「唯天為大，惟堯則之。」（論語・泰伯）然而「天生人成」卻是荀子的基本原則。〔註 16〕他抵抗這個潮流，並且以為天是無可取法的，其所見之天，是沒有意志的，並且遵循一定的自然法則而運作；所以他說：

> 不為而成，不求而得，夫是之謂天職。
>
> 天行有常，不為堯存，不為桀亡。〔註 17〕

也就是說天是自然現象，依自然法則而生滅變化，並不受世間治亂的影響，

〔註 13〕陳大齊：《荀子學說》，頁 2～3。

〔註 14〕參見齊思和：〈序〉，哈佛燕京學社：《荀子引得》（台北：成文出版公司，1966年），頁 1～2。

〔註 15〕陳大齊：《荀子學說》，頁 3～4。

〔註 16〕參見牟宗三：《名家與荀子》（臺北：學生書局，1979年），頁 312。

〔註 17〕《荀子・天論》。

自然活動則是盲動而無意志存在其間，天地既無意志，就無法自理。

　　大天而思之，孰與物畜而制之？從天而頌之，孰與制天命而用之？
〔註18〕

所以天是無可取法的，不足畏亦不足敬，並主張制天、用天，而無畏天、敬天之觀念，此為荀子學說的一個基本觀點。〔註19〕「天生人成」既是荀學的基本原則，故荀子視天為自然，亦視性為自然，並主張制天用天，又主張化性起偽；由此顯現出荀子積極的理論，吾人可從其解蔽、正名、禮樂等理論看到荀學的積極性。〔註20〕蔡仁厚先生並據此分析荀子主智、經驗的性格如下諸端：

1. 論天及心與性

　　荀子天論既採自然義，天就無價值色彩，天生萬物只是一個自然事實，「天行有常」指出自然的天依常軌而運行，天象變化如「日月之有蝕，風雨之不時」，只是「天地之變，陰陽之化」，所以荀子對天的論點已異於儒家形上天之意涵，同時可見荀子的天論之理智、經驗性格。就論性部分，荀子強調「辨合、符驗」，認為言論必須合於事實，觀其性惡篇中之論證，如「感官本能」、「生理欲望」、「心理情緒」等，均是有辨合符驗的；針對經驗事實說性，並判定先天自然之性為惡，故主張「化性起偽」以成善。就論心部分觀之，荀子有別於孟子之以仁識心，其所彰顯的是理智性的認知心，是能知能慮，並以清明的思辨和認知為主，既能明辨又可以治性，「心知」成為「由惡向善」的通路，心則藉由禮義來治性。〔註21〕

2. 論名及禮與學

　　就名學而言，荀子擴大了孔子的正名主義，使正名進到名理的意義，主張正名須從經驗事物為言，心智必運用於經驗事物以彰顯其用，並強調循於舊名，亦有作於新名，雖然未及於西方邏輯之法則，但荀子對於析事正名、定名辨實等觀念均言之切實，而較名家高明。從禮的角度觀之，不同於孔孟之觀點，荀子是以外在經驗立論的，先指出人生而有欲，並因有所求而爭亂，而「先王惡其亂也，故制禮義以分之，以養人之欲，給人知求。」聖人見到

〔註18〕《荀子‧天論》。
〔註19〕參見陳大齊：《荀子學說》，頁4～5。
〔註20〕蔡仁厚：《孔孟荀哲學》（臺北：學生書局，1984年），頁517。
〔註21〕蔡仁厚：《孔孟荀哲學》，頁518～519。

人之偏險悖亂，所以「起禮義，制法度，以矯飾人之情性而正之」，聖人之生禮義起法度，又因「積思慮，習偽故」而成；所以荀子的禮論是沒有人性作基礎的，人之學禮義並不是由人性自發要求的，乃因人之心認知禮義之善，但其必然性則遭受學者所質疑。〔註22〕從其論學部分觀察，荀子重視師法積習、為學之程序與效驗，以及強調聞、見、知、行等實踐功夫，可見其重智經驗的性格。他說：

> 不聞不若聞之，聞之不若見之，見之不若知之，知之不若行之，學
> 至於行之而止矣。〔註23〕

可見，荀子論學之重點即在後天的經驗積習。

由上述兩段之分析，吾人得知，在荀子的基本觀點上，主智的及經驗的性格乃是研究荀子時首先要認識的，即使是做為其核心思想的「禮義之統」，仍是依其主智的經驗性格而建立的外在標準，故將禮外化於法，透顯其知性主體，並貶斥「德性主體」，其主智而重經驗的性格，也造成其本源不透之限制點。〔註24〕

（二）人之有義辨與能群

前面提到，荀子主張「天生人成」，天既是無可取法，不依據天道以建立人道，成為荀子學說的一大特色，人道為人所造，故可稱之為人為主義；荀子重視人道，所以針對人與禽獸的分別提出其見解。

> 人之所以為人者，何已也？曰：以其有辨也，……辨莫大於分，分
> 莫大於禮。〔註25〕

> ……禽獸有知而無義。人有氣有生有知，亦且有義，故最為天下貴
> 也。力不若牛，走不若馬，而牛馬為用，何也？曰，人能群，彼不
> 能群也，人何以能群？曰，分。分何以能行？曰，義。〔註26〕

〔註22〕蔡仁厚提到「順著荀子的意思說下去……而人之學禮義，行禮義，亦不是由於人『性』的內發自發地要求表現禮義之善，而只是人之『心』認知了禮義之善。然則，要使性惡之人順心之認知而行善（行禮義），其可能性到底有多大呢？有必然性嗎？這在荀子是難以作答的。」參見蔡仁厚：《孔孟荀哲學》，頁 519～520。

〔註23〕《荀子‧儒效》。

〔註24〕蔡仁厚：《孔孟荀哲學》，頁 521。

〔註25〕《荀子‧非相》。

〔註26〕《荀子‧王制》。

荀子在這邊提示我們，人與禽獸的差別就在有辨、有義、能群三點上，這就是人之所爲人的特色。辨的最大用處在於分，且「分何以能行？曰，義」，所以辨必須依於義，故稱之爲義辨；而「人何以能群？曰，分」，所以義辨可說是能群的基礎。荀子以義辨與能群爲人之特色，這成爲荀子學說的基本觀點之一。〔註27〕

進而論之，荀子在探討思想道德及政治時，常以發揮義辨和能群的功能爲基礎，義辨是理智作用，能勤既以義辨爲基礎，自然是以理智爲基礎，由此觀之，荀子之義辨與能群的基本觀點乃形成理智主義，並爲荀子學說的因素之一。雖是如此，但荀子所重視的理智是有一定範圍的；凡與治國修身有密切關係者，是君子所應知察的，其餘如堅白之說，荀子則認爲是無用之辨。於此，荀子偏重治國修身的實用，輕視純理的思辨，乃形成荀子學說中的實用主義。〔註28〕

（三）人性是惡的

荀子學說中最爲後人注意者，無疑是其性惡的學說，且爲後世正統派的儒家所排斥；荀子的性惡論固然是其學說中的基本觀點之一，其立論則完整呈現在《荀子・性惡篇》中；欲了解荀子性惡論之前，必須對其善惡的概念加以探討，荀子說的性在於能作好惡喜怒的主觀反應，是含有欲的作用，但不含有慮的作用。因欲是情之一目，而性即是情，所以性中必包含欲。而就情性而言，其分辨只是盲目的好惡，無法成爲義辨，所以荀子的性惡論可說是其性之定義的當然結論。〔註29〕且荀子所說的性是生來所固有，君子小人所同，沒有分別，所謂「凡人性者，堯舜之與桀跖，其性一也。君子之與小人，其性一也。」，性惡則爲人人所共具，如此，性惡論方足以成立；荀子所謂惡者，則與其對善惡的定義深切相關，荀子說：

> 凡古今天下之所謂善者，正理平治也，所謂惡者，偏險悖亂也，是
> 善惡之分也已。〔註30〕

也就是說，荀子是以「平治」作爲善惡衡量之標準，且因「禮義之謂治，非禮義之謂亂也」、「爭則亂，亂則窮」，可見荀子關於善惡的定義是針對行爲結果說

〔註27〕參見陳大齊：《荀子學說》，頁6。
〔註28〕同前註，頁6～7。
〔註29〕參見陳大齊：《荀子學說》，頁55～56。
〔註30〕《荀子・性惡》

的，所以所謂性惡者，其眞實的意義，並不是說性的心理成分本身是惡的，只是說順著情性所產生的行爲，造成的事實是惡的，於是說性是惡。〔註31〕

就其大意言之，荀子把心理作用分爲三種成分，此即性、知與能，性和知爲不同之心理成分，性所表現者，是好惡喜怒哀樂，因不涵蓋知，所以無法知禮義，若順從性的本然且不加規範，一定導致惡的結果，因此荀子主張人性是惡的；雖說人性是惡，但也不固著於惡，因爲可以透過「僞」的功夫，化性而爲善，他說：

> 人之性惡明矣，其善者僞也，……故聖人化性而起僞，僞起而生禮義。〔註32〕

也就是說，人性是惡的，只有經過化性起僞的功夫，才有合於禮義而出於善的可能，這是荀子學說的又一基本觀點。而荀子在此所說的僞，乃「慮積焉能習焉」所養成的，荀子指出：

> 情然而心爲之擇，謂之慮。心慮而能爲之動，謂之僞。慮積焉能習焉而後成，謂之僞。〔註33〕

性是自然而然的，僞是人力所致，一切的善則只能歸功於僞，且不稱爲性。〔註34〕

荀子雖主張人性是惡，尤其注重僞之養成，且僞之所以能有效果，必靠理智之力量才能成就，所以荀子性惡說的基本觀點又導致其人爲主義和理智主義之態度。〔註35〕

第二節　荀子研究在台灣之概況

民國以來，在台灣有關荀子學說的研究，在數量方面已甚爲可觀，過去饒彬曾將民國60年以前之荀子研究專著加以整理、摘述而成〈六十年來之荀子學〉一文〔註36〕，可惜後來並無人續作此整理工作。近年來台灣的荀子研

〔註31〕陳大齊：《荀子學說》，頁57～58。

〔註32〕《荀子‧性惡》。

〔註33〕《荀子‧正名》。

〔註34〕陳大齊：《荀子學說》，頁7～8。

〔註35〕陳大齊指出「荀子最注重於僞之養成，而僞即是人爲，故性惡說又導致了人爲主義，……在僞的養成過程中，理智居於指導地位，負責化性的責任。性爲理智所化導以起僞，故性惡說又導致了理智主義。」同前註，頁8。

〔註36〕參見饒彬：〈六十年來之荀子學〉，收於程發軔主編：《六十年來之國學》（第

究正方興未艾，截至目前爲止，以荀子學爲研究主題之碩士論文就超過一百多篇，博士論文的總數也已超過十篇，至於相關之期刊論文則更超過三百篇。可見，學界對荀子學之研究已極爲重視。論文所討論的主題涵蓋範圍甚廣，包括荀子的政治思想、經濟思想、教育思想、知識論、道德思想等與人文或社會科學相關之主題；或以荀子文本中的重要用語和主張，如「化性起偽」、「統類」、「禮」、「心」、「性」、「正名」、「性惡」等作爲探討的主題。其中與荀子之「心」或「性」論相關之博碩士論文，也已近二十篇。

　　有關荀子之心性論研究，在專著方面，包括分析透徹的研究，如牟宗三的《名家與荀子》、唐君毅的《中國哲學原論‧原性篇》、徐復觀的《中國人性論史‧先秦篇》、周群振的《荀子思想研究》、蔡仁厚的《孔孟荀哲學》、何淑靜的《孔孟荀道德實踐理論之研究》等，是筆者撰述論文時重要的參考文獻；又如韋政通的《荀子與古代哲學》、陳大齊的《荀子學說》、李哲賢的《荀子之核心思想——「禮義之統」及其現代意義》、蔡仁厚的《儒家心性之學論要》、龍宇純的《荀子論集》、楊筠如的《荀子研究》、鮑國順的《荀子學說析論》則是論文相關議題之論述時的重要參考。其它與本文析論相關的專書尚有胡適的《中國古代哲學史》、馮友蘭的《中國哲學史》、勞思光的《新編中國哲學史（一）》、李滌生的《荀子集釋》、吳茹寒的《荀子學說淺論》、李哲賢的《荀子之名學析論》、譚宇權《荀子學說評論》、吳光的《儒家哲學片論》、傅佩榮的《我看哲學》等書。

　　單篇論文如周天令：〈「荀子是儒學的歧出」之商榷〉，提出荀子最引人爭議的人性論部份、翁惠美：〈荀子學說對於「人生價值」的探索〉指出荀子以爲吾人之所以能志意修潔、德性純厚之關鍵所在。袁長端〈荀子性惡論的時代意義〉提出以現代的眼光衡量「性惡論」的內涵；唐端正：〈荀子言「心可以知道」釋疑〉，提出荀子的性不是惡，只是可以流爲惡。另外還包括劉振維的〈荀子「性惡」說芻議〉、馮耀明的〈荀子人性論新詮：附〈榮辱〉篇 23字衍之糾謬〉、王邦雄的〈論荀子的心性關係及其價值根源〉、許宗興的〈荀子「心」析論〉、周德良：〈荀子心偽論之詮釋與重建〉、鄧小虎的〈《荀子》中「性」與「偽」的多重結構〉等論文，對於本論文有關心、性關係、性惡說意義及定位等議題均有精闢之見解。

　　而學位論文方面，與心性論相關者如楊美瑳：《荀子性論研究》，提出荀

四冊）（台北市：正中書局，1975 年），子學第四篇。

子善惡判斷之標準，是以國家治亂社會安危區分。王培敦：《荀子論「心」的意義之研究——有關是否以心爲性及思考方式之檢討》，嘗試就「性」概念之形式對象的邏輯關係來討論荀子對「性」的界定，近來的研究更提出與傳統學界對荀子研究的不同理解，如，伍振勳的《荀子「天生人成」思想的意義新探》、戴志村的《荀子性惡論新詮》、蕭振聲的《荀子的人性向善論》均提出新的詮釋，而陳禮彰的《荀子人性論及其實踐研究》則闡發荀子由外王涵養內聖的人性論，對儒學的創造性深具發展的意義。

第三章 《荀子》心性論研究在台灣述要

第一節 荀子之心性論研究在台灣述要（一）

一、胡適：《中國古代哲學史》〔註1〕

　　胡適認為「今本《荀子》三十二篇，……乃係後人雜湊而成的。其中有許多篇，如『大略』『宥坐』『子道』『法行』等，全是東拉西扯拿來湊數的。……大概『天論』『解蔽』『正名』『性惡』四篇全是荀卿的精華所在。」〔註2〕荀子論天，極力推開天道，注重人治；對於荀子論性，胡氏以為荀子是極力壓倒天性，注重人為的，如此推崇「人為」過於「天然」，乃是荀子哲學的一大特色；胡氏認為，荀子的天論和性論是分別對莊子和孟子而發的，並進一步指出，荀子以人的天性有種種情欲，若順著情欲一定會作惡，可知人性本惡，所以須有禮義法度，才會為善；也就是說人的善行全靠人為。〔註3〕

　　胡氏又提出荀子與孟子論性之差異，是因為其根本觀點的差異所致，孟子以「性」自包含一切善端，所以說性是善的，荀子則將「性」字包含一切惡端，如耳目之欲等類，所以強調性是惡的；但荀子也說人人雖有一種「可

〔註 1〕胡適：《中國古代哲學史》（台北：遠流出版事業股份有限公司，1994 年）：本書最早於 1919 年 2 月，由上海商務印書館出版。
〔註 2〕胡適：《中國古代哲學史》，頁 269～270。
〔註 3〕同前註，頁 277～279。

以知之質，可以能之具」，但因「可以知」未必就知，「可以能」未必就能；就此觀之，胡氏強調「依此說來，荀子雖說性惡，其實是說性可善可惡。」
〔註 4〕

二、馮友蘭：《中國哲學史》〔註 5〕

馮友蘭指出，荀子曰「生之所以然者謂之性」〔註 6〕是說性乃屬於天者，其中無理想、無道德原理，性中亦不能有道德的原理，道德乃人為的，就是所謂的偽；對於荀子的性惡說，馮氏認為荀子謂人之性惡，乃謂人性中本無善端，非但無善端且有惡端，但人性中雖無善端，卻有聰明才力，如果積學既久，聖亦可致也。馮氏進一步指出，孟子言人之所以異於禽獸，是因為人有是非之心等善端，荀子認為人所以異於禽獸，在於人有優秀的聰明才力。
〔註 7〕

針對荀子之心理學，馮氏又指出，人有情欲，又有心，欲不必去，只以心節之就可，心能「慮」「知」而節欲，心之縱欲而行，必將得人所不欲之結果也；可見荀子心理學中，只有能慮能知之心，及有求而須滿足之情欲，心能節情欲，心之所以之道乃因虛壹而靜，雖與老莊同講虛靜，但馮氏認為荀子的心之主要功用為知慮，不使胡思亂想妨礙知慮就是所謂的靜，而與莊子所說之「至人之用心若鏡」則有不同，最後馮氏認為荀子主張道德仁義本人性所無，其學之也，乃化性起偽，且非專精極勤不能使性化於道德仁義，若性能化於道德仁義，道德仁義就成人之第二天性。〔註 8〕

三、楊筠如：《荀子研究》〔註 9〕

楊筠如在《荀子研究》中，以前論、本論及後論三部份討論荀學；前論是關於荀子事蹟的補訂及荀子本書之考證；本論在探討荀子學說與古代哲學、宗教、政治、經濟之關係；後論則在探討荀子與後儒心性及其與後代禮法分化之關係。全書所論與荀子心性論較相關者，包括本論中關於荀子性說

〔註 4〕同前註，頁 279。
〔註 5〕馮友蘭：《中國哲學史》（台北：台灣商務印書館，1990 年）；本書最早完成於1931 年。
〔註 6〕《荀子·正名》。
〔註 7〕馮友蘭：《中國哲學史》，頁 357～359。
〔註 8〕同前註：《中國哲學史》，頁 360～364。
〔註 9〕楊筠如：〈荀子研究〉，《民國叢書第四篇》（上海：上海書店，1933 年）。

與儒家的論述，以及後論中荀子與後儒心性之研究二節。

在本論中，楊氏強調告子性論影響荀子很大，告子之性論是所謂「性無善無不善」，而荀子性惡篇的說法與告子之性論並無多大差別；故楊氏認為荀子性惡說係出於告子之性論。有關胡適之說法：「荀子雖說性惡，其實是說性可善可惡。」楊氏不以為然，因荀子是說「人可善可惡」，絕不是說「性可善可惡」。因為荀子提出「塗之人可以為禹」，是因為偽的關係，不是生來如此，楊氏認為胡適的說法根本就與荀子性的界說不對。〔註10〕

楊氏指出，荀子對於心理學之分析與各種關係之解釋，包括對性的定義、對情、欲、心、以及對慮的界說；楊氏認為荀子把心理現象分為兩部分，一部分是性，情、欲都是性的表現；一部分是心慮，這兩部分的關係就是以心來節性，而荀子對於心的內容的說明，是以因心有虛壹而靜的作用，心才能明辨是非，楊氏認為荀子這種對心理的觀察，也就是荀子的心理學完全出於道家的說法，荀子所謂心，便是直接由道家之所謂道體念出來的，所以荀子所說心之判斷是非的標準，也完全就是一個道字。〔註11〕此外，荀子以為人可以為善不是性的作用，也不是情的作用，乃是心慮而能為之動的一個偽字；這種人為主義是荀子哲學中一種主要精神，楊氏認為荀子的偽是一種積極勇敢的精神。從反面來說，荀子之性惡論是孟子性善論之反響，此乃因其時代背景使然；其性惡說乃是荀子看到戰國時期人心之狡詐，而據以論說的，所以是時代背影的反響〔註12〕。

最後，楊氏在後論有關荀子與後儒心性的研究一節中提出，荀子學說影響後儒最大的，要算他所講的心性，楊氏認為後儒對於心性的研究實際並沒有完全脫離荀子的圈套，且明顯受到荀子學說的影響，比如漢儒論性顯然是受了荀子的影響，即使唐代李翱、邵康節的學說亦有荀子大清明之心理學的影子；而宋明諸儒的學說也大致用孟子的名義，來發揮天理人欲的學說，實際上是講荀子的心理學，雖然對孟子心性之說名義上比較接近，實際上以物之理為心之性反與荀子心理學的心和理相合，由此亦可見荀子在中國學術史上的影響。〔註13〕

〔註10〕 楊筠如：《荀子研究》，頁 41～45。
〔註11〕 同前註，頁 50～62。
〔註12〕 同前註，頁 46～48。
〔註13〕 同前註，頁 191～204。

四、陳登元：《荀子哲學》〔註14〕

陳登元在研究荀子之心理學時指出，荀子之所謂性者，與心理學中「本能」相近，而略涉及欲字之界限，對於情字之定義，陳氏認為荀子之所謂情者，是指喜怒好惡哀樂而言，生於性，而以生欲者也。對於荀子之所謂欲者，陳氏認為乃生於情且能蔽心、啓爭端，亦能受制於心者也。而所謂心，陳氏則歸納認為荀子之所謂心者，為絕高無上之機關，而能判斷事理者；如果不為外物所誘，則心之清明也如水。〔註15〕

陳氏又認為，荀子性惡論之背景乃受時代潮流之影響，是遭逢亂世之論，荀子之謂人性惡也，常舉性情二字連言；以性惡論之論述言之，陳氏指出，荀子之言性惡，包括二點：人之情性本惡，乃好利惡禍攘奪是也：人之情性本惡，故有須於禮義教化也。荀子之言性惡係指情欲之惡而言，性者本能，而無所謂惡。對於孟荀之衝突，陳氏認為不過出於彼此間之誤會，因荀子之言性是指目好聲口好味等事，而孟子言性則指惻隱之心之類，所謂性字之本質大相逕庭，故其結論不得不異。所以陳氏判斷說，孟荀二子同主人有善心，荀子性惡之性非孟子性善之性。最後陳氏總結說荀子非持性惡論者，而是持情欲惡論者也。〔註16〕

五、徐復觀：《中國人性論史・先秦篇》〔註17〕

本書內容與荀子心性論相關者，是第八章〈由心善向心知──荀子經驗主義的人性論〉，徐氏認為欲了解荀子的思想，須先了解其經驗地性格，也就是他一切的論據，皆立足於感官所能經驗得到的範圍之內。這從儒效篇所說「不聞不見，則雖當，非仁也」，就是反駁孟子由反省所把握的內在經驗，如以惻隱之心為仁之端的說法，也說明了荀子是以聞見為主的外在經驗為立論之根據的性格，且強調「聞之不若見之」、「學至行之而止矣」、「行之，明也」可說徹底而精密的向經驗界進展學術性格。〔註18〕職此之故，荀子在天人關係上主天人分途，其所認定的天，乃非道德的自然性質之天；荀子不求知天，與孔子的知天命，孟子的盡心、知性、知天恰恰成為一對照。也與老莊對天

〔註14〕陳登元：〈荀子哲學〉，《民國叢書第四篇》（上海：上海書店，1933年）。
〔註15〕陳登元：〈荀子哲學〉，頁142～150。
〔註16〕同前註，頁151～163。
〔註17〕徐復觀：《中國人性論史・先秦篇》（臺北：臺灣商務印書館，1969年）。
〔註18〕同前註，頁224～225。

的態度不同，徐氏認爲有人（如馮友蘭）認爲荀子是受道家的影響，但道家在自然天的上面，則建立形上學的無，並主張法自然，所以在道家觀念中，天與人的關係，還是很密切的；但荀子則否定道家思辨性之形上學，在其心目中，天人的關係並沒有孔孟和老莊思想中密切，他認爲天的功用和法則不含有意志和目的在裡面，所以不求知天，天的功用、現象也與人無關，不應在天那裏找人的行爲根據。荀子之天既爲自然性質，所以無所謂意志，一般人所說的災異，只不過是自然現象之一。所以他說：

> 星隊（墜）木鳴，國人皆恐，曰：是何也？曰：無何也，是天地之
> 變，陰陽之化，物之罕至者也。怪之可也，而畏之非也。〔註19〕

從這一方面來說，徐氏認爲荀子的人性論，乃是中國地經驗主義的人性論。〔註20〕

　　徐氏進一步提到，荀子對於性的內容的規定包括官能的欲望（如饑而欲食）、官能的能力（如目辨黑白美惡）、性無定向；荀子對於性的規定，與告子「生之謂性」的說法，幾乎完全相同。另外荀子也提到：

> 故曰：性者，本始材朴也；僞者，文理隆盛也。無性則僞之無所加；
> 無僞則性不能自美。〔註21〕

荀子所謂材朴乃未經人力脩爲之能力，乃是官能之原始作用與能力；徐氏認爲一般人常忽略上述荀子言性的兩面意義，這包括官能的能力和由官能所發生的欲望。荀子所謂「生之所以然者謂之性」，是從生理現象言性，但因其思想是純經驗地性格。他只願把握現實性的現象，所以不著重「生之所以然」的層次上論性，這一層次的性在其性論中並無地位，其人性論，是以經驗中可以直接把握到的一層，及其所謂「性之和所生，精合感應，不事而自然謂之性」，這是較「生之所以然」下一層次的東西，是在經驗中可以直接把握住的性；這也同於告子所說的「生之謂性」，這是荀子人性論的主體。而「性之和所生」的性字則是上一層次的，可以說是先天之性，是直承「生之所以然」

〔註19〕 《荀子·天論》。
〔註20〕 徐氏指出「由周初所孕育的人文精神，到荀子而完全成熟。由周初所開始的從原始宗教中的解放，至此而徹底完成。從這方面說，荀子的人性論，有其特別的意義。因爲若用現代的語言說，他完全是中國地經驗主義的人性論。假定在他的人性論中有其不能解決的缺點，這也表示純經驗主義對於解決人類自身問題所不能避免的缺點。」參見徐復觀：《中國人性論史·先秦篇》，頁224～229。
〔註21〕 《荀子·禮論》。

的性字而論說的〔註22〕

在先秦，性和情是同質而可互用的兩個名詞，荀子則把性、情、慾分別加以界定，先秦談到性與情時，都是同質的，其人性論之成立，本來就含有形上的意義；但荀子實際上並不在形上的地方肯定性，所以把性和情不同的地方也扯平了。徐氏認為荀子雖說「性者天之就也」，但其人性論的精神全不在此，他說「情者性之質也」才是其人性論的本色，性以情為本質，便把性的形上色彩完全去掉了，因此，荀子雖然在概念上把性、情、慾分別加以界定，但事實上，性、情、慾是一個東西的三個名稱，故荀子性論的特色正在於以欲為性，此乃其人性論的一面。〔註23〕

針對荀子界定的人性內容，徐氏指出荀子的說法實與告子為近；但荀子除了發揮了告子「食色、性也」這方面的意義，更補充了「目明耳聰」這一方面的意義，這自然比告子更為周密，理應得出「性無分於善惡」的結論，根據徐氏的研究，荀子也是主張性無定向的，然而，他是如何主張性惡的呢？徐氏依據性惡篇提出荀子五點立論的內容，這包括從官能欲望的流弊來說明性、善與性並無不可離之東西及人之善行常與自然之欲望相反以證明性之惡、人之欲為善正因其性惡、人之有所求乃是為了滿足需要、最後從結果的好壞來證明性惡之妥當性。從以上五點立說內容觀察，徐氏認為荀子對於孟子主張性善，而自己主張性惡的爭論，不是針鋒相對的爭論。並且懷疑荀子不曾看到後來所流行的孟子一書，只是從稷下先生的口中得知孟子的主張，否則他對孟子人性論的內容，不可能毫無理解，徐氏認為荀子對孟子的學說，只是來自於傳聞，並未嘗親見其書。〔註24〕

徐氏認為荀子性論的全盤結構是從官能的慾望和官能的能力兩方面來理解人性，卻僅從官能的慾望來說性惡，未嘗從官能的能力方面來說性惡，故其性惡論對他自己而言，並非周延的判斷。徐氏強調荀子性論的結構，是以人性另一面的知和能作橋樑，去化解人性的另一個惡，去實現客觀之善，其學說之中本有性無定向之想法；但其性惡的判斷，破壞了他性無定向的觀點，雖然其性無定向的觀點，強調了人性中官能的能力這一面，以此開出其化性起偽之路，但從理論上說，其性惡說並不及告子性無善惡說的完整。並且荀

〔註22〕徐復觀：《中國人性論史・先秦篇》，頁230～233。
〔註23〕同前註，頁233～234。
〔註24〕徐復觀：《中國人性論史・先秦篇》，頁235～237。

子的某些言論中又可以發現人之性善的因子，他說：

> 凡生乎天地之間者，有血氣之屬必有知。有知之屬莫不愛其類。……
>
> 故有血氣之屬莫知於人；故人之於其親也，至死無窮。〔註25〕

人心之有知，就等於人心之有愛，基於此點，也可以主張人之性善。因此徐氏認為荀子的性惡說實含有內部的矛盾，其以人之官能慾望而言性惡，其用心乃在於警惕人們不可安於現狀，且其主張惡是從欲而來，但並未把「欲」處於絕對敵對的狀態，而是主張「節」，主張「養」。〔註26〕

　　有關荀子心論之研究方面，徐氏指出荀子主張性惡的目的是在提醒人之為善，在荀子學說中由惡向善的通路乃在於心，徐氏認為，人「皆可以知仁義法正之質，皆有可以能仁義法正之具」，前者指的是心，後者指的是耳目等官能的能力、作用，但「能」依然要靠心知的判斷，他和孟子一樣，特別重視心。不過孟子所把握的心，主要是在心的道德性；而荀子則在心的認識性的一面，此為孟荀之差異。因為知識對於行為的道德不道德，並沒有一定的保證，所以荀子一方面靠心知，使人由知道而向善，且以道來保證心知的正確性。在此，荀子強調心的主宰性，認為心對於行為的決定性，大過於其他官能，但這種決定性的力量，並不保證一個人可以走向善的方向；徐氏指出，荀子的立場是心可以決定向善也可以不向善。所以心的主宰性，對於行為道德而言，並不是可以信賴的，因為心的認識能力並不可信賴；解蔽篇說「故心不可以不知道，心不知道，則不可道而可非道」，所以心有選擇的能力，但其所選擇的方向，不一定是合於道的，徐氏認為荀子所說的人心是指一般人的認識之心而言。〔註27〕

　　對於虛壹而靜的境界，徐氏認為荀子固然以心為虛壹而靜，但心卻必先憑藉道才能虛壹而靜，其所強調之道乃客觀的，求道之心乃順道而轉之心，如此才能虛壹而靜；所以荀子對於認識心的把握，是要人以心順道，才能保證認識心的正確性，但並不以心的本身是道，而稱之為「道心」。徐氏進一步指出，荀子以心為虛壹而靜，與道家有其類似處，但道家是以此心之本體即是道，荀子則認為心之本身要靠道來權衡，才能保持大清明的本體本性，此本體本性只是能知道而行道，但本身並不即是道。所以荀子不認為心的虛壹

〔註25〕《荀子·禮論》。
〔註26〕徐復觀：《中國人性論史·先秦篇》，頁 255～256。
〔註27〕徐復觀：《中國人性論史·先秦篇》，頁 239～243。

而靜可以當下呈現，而須憑藉道以為標準的心知才是可靠的，而他所謂道，是生於聖人或聖王，以心求道也不是直憑自己的知去求道，而是要靠外在師法的力量，所以對於學，也是強調君、師、勢等外在強制的力量，所以徐氏歸結以為，在荀子思想系統中，師法的分量遠比心知為重，以其引用之道德經觀之，荀子對於老莊的批評較對子思孟子的批評為中肯，顯見其受道家之影響，所以荀子在不承認心是道德之心方面言之，與道家相同，但在發揮心的知性方面，則與道家的反知傾向相反。

六、唐君毅：《中國哲學原論·原性篇》〔註28〕

唐君毅在本書中指出荀子言性惡，似對孟子而發；然荀子中心之思想，則在言心而不在言性，唐氏認為孟荀之異，在孟子即心言性，而荀子分心與性為二。又荀子以心之所以然者謂之性，與告子言生之謂性，莊子說性者生之質也，又相似；但依莊子之說復性以養德，告子則認為人性可約範以成仁義之善，荀子卻言化性成德，性乃為惡。因此，唐氏認為荀子所言性之惡，乃實唯由與人之偽相較，或與人之慮積能習，勉於禮義之事相對授，而後反照出的，如果離此性偽……，而單言性，即無性惡之可說。又認為荀子之性惡論，不能離其道德文化之理想主義而了解。若只看到荀子是從客觀經驗中見種種性惡之事實，而歸納出性惡之結論，均為尚未深切了解荀子言性惡之旨趣。唐氏認為荀子之言性惡，乃是對應其文化理想所反照的。〔註29〕

最後唐氏根據荀子性惡篇之論述，認為荀子之所以言人性之惡，實從人性與人之禮義之善所成之對較對反關係中看出的，荀子獨到的見解，乃是其能看出人之欲行禮義，乃是對較其欲轉化之現實生命狀態以存在，此與轉化之對象，對人類的道德文化理想而言，即一負面之存在。對此欲轉化之現實生命狀態，因既欲轉化之，荀子即不以之為善，而以之為惡，荀子之所認識者，實較孟子為深切，性惡之論即建立在此義之上。唐氏認為，依荀子之意，人雖可以為禹，或欲為禹，而非必能為，觀察人的現實生命，便仍可謂其性之趨向在為不善，而仍為惡。〔註30〕

〔註28〕 唐君毅：《中國哲學原論·原性篇》（台北：台灣學生書局，1983年）。
〔註29〕 唐君毅：《中國哲學原論·原性篇》，頁65～67。
〔註30〕 唐氏指出：「依荀子之性惡篇第八段之意，則以人雖可以為禹、或欲為禹，而非必能為──即所謂『可以而不可使』──如足可遍行天下，而未必實能遍行天下。此即謂只一單純之可能，不同於實際上之必能。人今未實為禹，亦

　　唐氏又認為，就荀子所承認人有欲為善方面探討，荀子固不肯謂此欲為善之本身是善，依其用名之定義，一切求轉化惡之慮積能習，仍根源於心，屬於心者不屬於性，則此屬於心之欲與慮積能習雖善，荀子認為，仍當言性惡。唐氏質疑，此欲為善與有能思慮能習之心，其本身豈能無性之說？即心之本身豈能無性之說？關於此點，唐氏認為荀子雖自承人心能守仁義，知禮義，但仍謂心之所可者雖能中理，亦可不中理，人能知道之統類，亦可不知，人能守道行道，亦可棄之而不守不行，此之所以荀子終不言心之性善。亦可見荀子之言心之異於孟子者，乃在其不似孟子以人當下所表現之德性心為心，以見其性之善。荀子之以人心為可中理合道，可不中理合道之說，乃其自外觀人心之立場而後有之論；此因荀子非在自己道德修養之歷程中，直接自內觀此心之性之謂，唯自居於道德修養歷程之外，視他人與自己之心為一客觀所對，荀子雖亦重視道德修養之工夫，但對其修養工夫之所以可能，尚缺乏一超越的反省，唐氏認為，荀子未能如宋儒以理為性，即心之理善，以言心性之善，是荀子之不及宋儒者也。〔註31〕

七、牟宗三：《名家與荀子》〔註32〕

　　牟宗三在本書最後一篇〈荀學大略〉中，對荀學有精闢的剖析。牟氏指出，荀子之思路實與西方重智系統相接近，而非中國正宗之重仁系統也。

　　在性論部份，牟氏指出荀子論性之大旨，完全是從自然之心理現象而言，並從好利、嫉惡、耳目之欲，乃至從飢而欲飽、寒而欲煖，勞而欲休等層面去論性，依此，則性是喜怒哀樂愛惡欲之心理現象，亦是生物生理之本能；這是從人之動物性而論性，荀子所見之人性，是將人只視為生物生理之自然生命，此動物之自然生命無所謂惡，直自然而已矣。惟順之而無節，則惡亂生焉，是即荀子所謂性惡也。〔註33〕

　　牟氏認為，人所固有之惻隱之心、羞惡之心、辭讓之心，是非之心，也是自然而有者，此不同於動物性之自然，即孟子所謂良知良能，荀子「不可

無由據實以斷其必能。人今未實為禹，……雖未必惡。然尅就其實無禹之善，而觀人之現實生命之狀態，即未善而不善，便仍可謂其性之趨向在為不善，而仍為惡。」參閱唐君毅：《中國哲學原論‧原性篇》，頁70～71。

〔註31〕唐君毅：《中國哲學原論‧原性篇》，頁71～75。
〔註32〕牟宗三：《名家與荀子》（臺北：學生書局，1979年）。
〔註33〕牟宗三：《名家與荀子》，頁223。

學不可事而在人者謂之性」之定義亦可用於此，孟子由四端之心以見仁義禮智之性，是不可移的，若由動物之自然以言人性，則與動物無異矣。荀子只認識人之動物性，而不識人與禽獸之區別的真性。但荀子畢竟未順動物性而成虛無主義者，他於動物性之自然外，又見到高一層次的存在。此即荀子「以心治性」之說。惟其所謂之心，非孟子「由心見性」之心。孟子之心乃「道德的天心」，而荀子於心則只認識其思辯之用，故其心是「認識的心」。〔註34〕

车氏認為荀子只認識「智心」，而不認識「仁心」，以致不解孟子而反性善，以仁識心，表現為道德主體，使人成為道德的存在，以智識心，表現思想主體，使人成為理智的存在。而只以智識心者，對於人性俱無善解，其思想主體因而成立，如同西方之成立邏輯數學，荀子亦因而能作「正名」之說，順此路向以進者，车氏認為在知識上必止於經驗主義與實在論。荀子以智心之明辨治性，實非以智心本身治性，而是通過禮義而治性。明辨之心能明禮義，能為禮義，禮義不在人性中，而純是外在的，而由人之「積習」而成，此即其經驗義。即荀子所謂：「聖人積思慮，習偽故，以生禮義，而起法度。然則禮義法度者是生于聖人之偽，非故生於人之性也。」（性惡篇），聖人之偽，於外之根據，车氏認為即「禮義之統」，但此「禮義之統」雖是道德的，但外在之根據是「自然主義」，此亦即經驗論和實在論。〔註35〕

正因為荀子所謂「聖人積思慮，習偽故，以生禮義，而起法度」不是性中所固有，聖人之性與眾人同，和眾人不同的是「偽」，但聖人之偽禮義法度，不繫於其德性，而是根據其才能，因此偽禮義之聖人是可遇而不可求，禮義之偽亦可遇而不可求，因此失去必然性和普遍性，故荀子認為塗之人可以為禹，而不必能為禹。〔註36〕

在心論部分，车氏提到荀子論性，在動物性一層之外，又見到高一層之存在；此即心，『所謂天君』，並強調以心治性，但其心為認識之心，非道德之心。此智心以清明的思辯認識為主，清明則以「虛壹而靜」定之。荀子以智心治性，乃是通過禮義而治性，禮義是外在的，由人之「積習」以成，由人之天君（智心）以辨。荀子只認識「智心」，而不認識「仁心」，固车氏最終認為荀子所謂「皆有知仁義法正之質，皆有能仁義法正之具」，此中之質與

〔註34〕同前註，頁 224。
〔註35〕车宗三：《名家與荀子》，頁 225～226。
〔註36〕同前註，頁 227。

具亦不指仁義而言，而是指才能而言。

八、陳大齊：《荀子學說》〔註37〕

本書旨在就荀子學說，搜求其要義，為之分類排比，整理出一個系統。綜觀全書，與心性論較相關者為第三章心理論、第四張性惡篇及第七章知慮論。

在性論部份，陳氏指出荀子性惡的定義是偏就行為結果說的，可說是一種結果主義；荀子以為若順從性情去行事，必導致惡的結果。令人時時存著警惕的念頭，而不敢怠忽；故荀子雖主張性惡，但並未主張人性固著於惡而不可遷移，更未主張人應安於惡而不必為善；並以矯情化性為言，知明行修為教。至於善的由來，荀子主張「其善者偽也」。陳氏又指出荀子的性惡論誠為其學說中一個基本觀點，但此外尚有其他基本觀點，性惡論只是若干基本觀點中的一個，並不是唯一的基本觀點；荀子只主張性本趨向於惡，並不否認其有改趨向於善的可能；所以荀子的性惡說只是人性向惡說而已。〔註38〕

陳氏在敘述荀子性惡論時，特別就荀子性與惡的兩個概念加以探索。陳氏指出，荀子所說的性之特色，乃其所以異於知與能者，是其能作好惡喜怒哀樂的主觀反應。陳氏認為「荀子所說的性中含有欲的作用而不含有慮的作用。……性與知各為獨立的心理作用，並不互相涵攝，故性中不能有知慮。欲是情的一目，而性即是情，故性中必攝有欲。」〔註39〕人能義辨則出於知慮，非出於性情，單就情性而論，人的分辨只是盲目的好惡，不能說是「義辨」；陳氏認為「荀子此一看法，對其性惡的主張，具有重大影響，雖謂荀子的性惡論是其性的定義的當然結論，亦無不可。」〔註40〕進一步分析，性是大家所同的，不因人而異，這是性惡論應有的主張，荀子主張性惡，其所謂惡者，在其學說中有明確的定義，他說：

> 凡古今之所謂善者，正理平治也，所謂惡者，偏險悖亂也，是善惡
> 之分也已。〔註41〕

在此，荀子以「平治」為善惡衡量之標準；他又提出：

〔註37〕陳大齊：《荀子學說》（臺北：中國文化大學出版社，1989年）。
〔註38〕陳大齊：《荀子學說》，頁55～58。
〔註39〕同前註，頁56。
〔註40〕同前註。
〔註41〕《荀子・性惡》

　　　　禮義之謂治，非禮議之謂亂也。〔註42〕
善惡的分別又可以禮義和非禮義為標準。其次，衡量行為的善惡，有主張以
動機的善惡為主，亦有主張以結果的善惡為主；荀子的以正理平治為善，以
偏險悖亂為惡，故其善惡定義是偏就行為的結果說的。荀子所謂性惡者，其
真實意義，並不是說情性這個心理成分本身是惡的，而只是針對從情性所發
生的行為是惡的，於是說性是惡。〔註43〕

　　對於性惡論的論證，陳氏認為荀子除了直接論證外，還有間接論證；就
前者而言，荀子在性惡篇中以「從人之性，順人之情，必出於爭奪」反映人
性之惡。因為人性「生而有好利焉，……生而有疾惡焉，……生而有耳目之
欲，有好聲色焉」，何以如此呢？陳氏認為因為荀子所說的性中含有欲的作
用，而不含有慮的作用。且把物質方面的欲視為性的中堅，如此，欲便是貪
得無厭，得寸進尺的。於此荀子所說的性是生來固有，未受教化之性，不涵
攝知與能；而仁義法正之端存於知與能，不存於性，荀子所說的性中不含有
知慮的作用，完全順從性情，只會流於惡而不出於善。如此，荀子將貪得無
厭的欲視為性的中堅，且將藉以為善的知慮放在性外，以證明性惡。〔註44〕

　　其次，陳氏提到荀子性惡說的間接證據，先引述（性惡論）有關之論述
為證，指出「荀子在其間接的論證中，以『苟無之中者，必求於外』及『苟
有之中者，必不及於外』兩語為其根本原則」〔註45〕；先假定人性是善，以
推論其結果，並以推得的結果卻與事實不相合，反證原假定之不能成立，故
稱之為間接論證；但人性雖惡，不一定求善於外，反之，也不能反過來依據
求善於外，以證人性之惡。但在荀子看來，即使是安貧樂道的人，因已化於
禮義，故事實上雖甚貧，自視並不以為貧，其不求富，正合於「苟有之中者，
必不及於外」，絕非「苟無之中者，必求於外」，所以至少就人性而論，此根
本原則是可以成立的。〔註46〕總而言之，荀子認為性之本然趨向於惡，若順
從性的的本然，只會出於惡的一途，但性並不固著於惡，若用性外的力量加
以化導，就可以改變其趨向了。

　　在心論部分，荀子強調心理作用，並以性知能為心理作用的三個成分。

〔註42〕《荀子・不苟》
〔註43〕陳大齊：《荀子學說》，頁 57～58。
〔註44〕同前註，頁 59～62。
〔註45〕同前註，頁 63。
〔註46〕陳大齊：《荀子學說》，頁 64。

荀子所說的心，應當是一切心理作用的總稱，故知可以稱為心，情亦可以稱為心。且荀子注重實踐，在實踐中所用到的，都是具體的心理活動。所謂知覺：強調心有徵知；心可使知識有根據。

除此之外，陳氏提到荀學認為以心識道，而後才能守道，且欲知道、守道必須虛壹而靜，所謂虛者，不要為已得的知識所蔽，所謂壹者，不要為一方面的情勢所蔽，所謂靜者不要為想像囂煩所蔽；欲達到虛壹靜的大清明境地，必須解除閉塞，所以荀子又主張解蔽；為力求解蔽之成效，荀子主張還要兼權為之才可，因為一切蔽塞果能完全解除，必然面面顧及，達到兼權的境地；在欲惡取捨之際，必須經過兼權與熟計，才不致為一方面的利害所閉塞。

九、李滌生：《荀子集釋》〔註47〕

李滌生指出，荀子的天是自然，卻不尊不敬，要和它面對面的分工合作，而倡言「天人之分」，他認為天的職分是生萬物，人的職分在治萬物，人生的禍福不是天意，而在人為，故主張善盡人事，利用自然，福厚人生。但荀子沒有征服自然的雄心，只是利用自然而已，主張「不與天爭職」、「不求知天」的。因為荀子的中心問題不是「天」而是「人」。李氏指出，天道觀念，在荀子思想系統中是重要觀點之一，與性論心論同是構成荀子理智的人為主義的基本因素。〔註48〕

李氏指出，荀子認為人性惡而可以為善者，以別有心在，在解蔽篇即強調心體獨立自主，意志絕對自由，它支配一切，而不受任何支配，故稱之為「天君」，對於辨飢寒、辨黑白、辨清濁的感性之知，荀子稱為性，而不謂之心；辨是非、辨善惡是理性之知，荀子謂之知慮，知慮出於心，故不謂之性。荀子所恃以化性起偽者，亦此理性之知。心雖生而有之，但所知未必正確，要認識正確，言行合理，先有認識的標準，這標準是外在的，荀子稱之道，心何以能知道，因心的本質有虛壹而靜的功能，這是心體的特性；由虛心可以入道，由專心可以盡道，由靜心可以察道，虛壹而靜，是求道者應具的心境，是知道可道的先決條件，以虛壹而靜的心求道，則易蔽的人心轉化為道心，道心就是大清明的聖心，心有人心、道心、天心；荀子論心只及人心、道心；因為荀子的道不是天道，不是地道，而是聖人因應人群的需要而制作

〔註47〕李滌生：《荀子集釋》（臺北：學生書局，2000年）。
〔註48〕李滌生：《荀子集釋》，頁361～362。

的禮義之道，李氏指出，荀子言心之狀態及作用，由科學的心理學，進而爲哲學的心理學，辨析精微，無可與比。〔註49〕

李滌生又指出，荀子對於人性的規定即包含自然情欲、自然本能及能思之心，雖就自然生命以言性，其言性惡，則只就情欲一面而言性，未包括能思之心，性如是自然的本質，本無所謂善惡，善惡是後天的人爲的價值判斷，不是先天的本然，先天的本然之性包括自然生命與能思之心，就自然生命而言，人是自利的，與一般動物相同，就能思之心而言，即所謂理性，此能辨別是非善惡，與一般動物異。李氏最後認爲荀子之性也是中性的，而必謂其惡者，是希望人能提高其警覺而勉於爲善耳。〔註50〕

十、勞思光：《中國哲學史》〔註51〕

勞思光指出，就荀子之學未能順孟子之路以擴大重德哲學而言，是爲儒學之歧途。而尤應注意者是此一學說之歸宿。荀子倡性惡而言師法，盤旋衝突，終墮入權威主義，遂生法家，大悖儒學之義。勞氏認爲荀子之價值哲學，於主體殊無所見，故其精神落在客觀秩序上，然以主體之義不顯，所言之客觀化亦無根；勞氏分析指出，荀子之論性，即純取事實義，顯見其所謂性，乃指人生而具有之本能，但此種本能原是人與其他動物所同具之性質，故荀子所言之性並非孟子所言之性。荀子以爲順動物性而發展，則必亂理而暴亂，並以此而主張由禮義師法以化人之動物性，但荀子徒以僞釋善，而不能說明性惡之人何以有人爲之善，亦不能說明師法何由立，遂伏下荀子理論之致命因子。〔註52〕

勞氏又認爲，荀子承認常人皆有一種質具，能知仁義法正，能行仁義法正，爲求此種質具之價值根源，荀子在欲之外說明禮義師法之由來，並解釋所謂質具之義，於是乃提出「心」的觀念，故其對於心之觀念，乃是爲其「質具」之說作闡釋。依荀子之意，性既爲惡，化性之工夫依於僞，僞生於心，而心乃能擇者，此心即視爲文化之根源，亦表道德意志，依此，荀子之心似有主體性，與孟子之性極相近，但荀子進一步論心時，雖亦指自覺心，但此心只能觀照，而非內含萬理者。荀子所言之心乃一觀理之心，而非生理之心，

〔註49〕同前註，頁 471～472。
〔註50〕同前註，頁 538。
〔註51〕勞思光：《新篇中國哲學史》（一）（台北：三民書局，2002 年）。
〔註52〕勞思光：《新篇中國哲學史》（一），頁 316～318。

理在心之外，與孟子四端之說大異，荀子曾說：

> 故人心譬如槃水，正錯而勿動，則湛濁在下，而清明在上，則足以
> 見鬚眉而察理矣。微風過之，湛濁動乎下，清明亂於上，則不可以
> 得大形之正也。心亦如是矣。故導之以理，養之以清，物莫之傾，
> 則足以定是非決嫌疑矣。〔註53〕

依荀子所見，此心爲一不含理之空心，並非道德主體，其功用僅是在虛靜照
見萬理，與道家所說之「心」相近，而與儒學所言之「心」相去甚遠。但荀
子又不認同道家順天思想，反有制天之說。依此，勞氏指出，荀子所論之價
值根源既不歸於心，又不歸於非人格化之天，又不以求形軀之利爲價值，所
以走入權威主義。〔註54〕

十一、韋政通：《荀子與古代哲學》〔註55〕

　　本書係一專研荀子思想之作，韋氏以「做到客觀的敘述」爲論述之首要
條件，本書論述之內容，在敘述部份，作者把荀子的思想系統做了重建的工
作，在判斷的部份，作者試圖斷定荀子在思想史上的地位，對其重要觀念，
均做了評價；韋氏以荀子整個思想系統爲底子，據以詮釋荀子各部份的思想，
並以先秦諸子的思想做背景去了解荀子思想；韋氏所述與荀子之心性論較相
關者，主要見於第二章「荀子『天生人成』一原則之構造」，以及第四章「荀
子的認知心及其表現」。

　　韋氏指出，「禮義之統」是荀子思想系統的基層觀念，並以此爲基礎，確
定荀學中性和天的意義。他分析荀子「天生人成」之思想原則是透過「天」、
「性」、「僞」、「心」等觀念所組成的。荀子構造系統的思路不是由主體入，
而是由客體之禮義出，固其價值標準不在主體之心性，而在客體之禮義，荀
子以禮義爲能治之本，返而治性亦治天；禮義與性天之關係遂成爲能治和被
治之關係，此即爲「天生人成」之基本架式。在這一部份，荀子強調天之自
然義，如此，天成爲被治的，並使人爲的禮義功效能伸展出來。所以禮義是
絕對的中心，是人成之所，是人爲之極致，至於天，它只是生，只是自然，
無須再進一步探究。〔註56〕

〔註53〕《荀子·解蔽》。
〔註54〕勞思光：《新篇中國哲學史（一）》，頁321～325。
〔註55〕韋政通：《荀子與古代哲學》（臺北：臺灣商務印書館，1966年）。
〔註56〕韋政通：《荀子與古代哲學》，頁46～54。

　　韋氏又指出，荀子「不求知天」旨在割斷人與天之間的意志，也說明人的命運全要由人自身負責，此即「天人之分」的思想，荀子除了肯定天是被治的，也主張能治的是靠人為的禮義效用，一切被治的、負面的，只要落在禮義之運用中，即能得其道得其成；韋氏進一步認為，荀子論天，說天只是生，只是自然，論性亦從此義發。荀子性惡篇中所論的性，純是從自然之本能規定性的意義，視性純是一生理生物之本能，這是荀子說性之自然義，單就自然說性，性是無內容的，性的內容須通過情欲表現而見，如色、聲、味、利之好即屬之。而此性之自然義，本身並無價值的意謂，不能說它是善或惡。韋氏指出，荀子由自然之性導生惡的關鍵，就在於順自然之性而不知節制之結果，因順人之情性，總是欲多不欲寡，人和人之間就發生爭奪，所以順自然之性的需求，便導致人之性惡。荀子即就此事實而建立其性惡論，韋氏認為，依荀子，這樣的性論才是有辨合符驗的。〔註57〕

　　韋氏針對荀子「天生人成」在化性起偽義指出，「性」與「偽」在荀子不僅僅是抽象的觀念，它代表行為系統中被治與能治之兩端，如此才能彰顯禮義之效用，荀子始終將被治之性與能治的禮義相對而言，由性和偽的互依性，韋氏認為荀子性論不是孤立的，禮義之統也不是孤立的。性惡說的建立，純是為了實現並完成禮義的功能，禮義之起，也是由於人之性惡事實的存在。總之荀子視性純是一生理生物本能，純是被治被化的，性不能做為人的主體。但荀子除發現人的動物性外，還發現上層之認知心，在此，荀子雖不識德性主體，但卻自覺認知主體具有辨識的功能，因認知心有辨識的功能，於是使性之被化變為可能。〔註58〕

　　韋氏認為，關於荀子說明性惡的論點，在他自己，則是很一致的。朴與資同於禮論篇「性者本始材朴」之「材朴」，朴，資，材朴皆自然義。荀子由「生而離其朴，離其資，必失而喪之」證明性惡，這意思是說，性本朴資，本不必惡，可是朴資之性的需求，卻必然是「欲多而不欲寡」，故「生而離其朴，離其資」，亦是必然的。以其必然「離」，故惡乃生。此外，韋氏指出，在荀子的思想系統中，主要是「由智識心」者，這表示荀子心中所識之心的性質是一理智性的認知心，且荀子主張以心治性，但並非以認知心直接治性，而是通過認知心辯知的能力，使心能中理，即以所中之禮義治心，禮義所以

〔註57〕韋政通：《荀子與古代哲學》，頁60～71。
〔註58〕同前註，頁75～80。

能化情欲全在心之所可中理上。〔註59〕

　　韋氏又指出，荀子思想乃「由智識心」之系統，其認知的主要對象爲道（指禮義），認識了然後可道而守道，守道不悖，行爲方可中理；心知道則是行爲中理的依據。雖然荀子在正名篇及解蔽篇中有少數言論如：

　　　　心也者，道之工宅也。〔註60〕

　　　　心者，形之君也，而神明之主也。出令而無所受令，自禁也，自使
　　　　也……固口可劫而使墨云，形可劫而使詘申，心不可劫而使易意，
　　　　是之則受，非之則辭。〔註61〕

表示荀子所識之心的另一涵義，此正是孔孟『由仁識心』的道德心，此爲由意志自由所顯之主宰心，此心即直接可說是善。但本書認爲若依此少數言論，如陳登元在〈荀子之心理學說〉一文判斷：「孟荀兩家皆主性善，荀子性惡之性，非孟子性善之善」或葉紹鈞所謂：「試讀解蔽篇論心的文字，與孟子惻隱之心人皆有之……的話對照，他們兩個人確然在同一條路上，……」類似的論點顯然未能通觀荀子全書的精神，未能對荀子各部分的思想有一綜合的理解。韋氏認爲一個思想家所創造的理論系統中之觀念，與他具體生活實踐中所悟得的觀念，是極可能不相一致的；荀子也不例外，故在荀書中，偶然會有異質的言論。因此荀子一方面言心之主宰義，一方面又不承認性善；所以對那些偶然有的異質言論，並不足採信。因此，荀書中儘管有許多近於孟子中庸的言說，並不影響他「由智識心」的基本型態。〔註62〕

十二、韋政通：《先秦七大哲學家》〔註63〕

　　韋政通指出，荀子在解蔽篇中對人心的功能做了反省，在其心論中，特別重視認知的功能，荀子以「知」來界定心，這個心自然是認知心，心的功能在「知道」，則道在心外，道是心的對象，心本身是沒有顏色的，所以它能從事客觀的認知活動。荀子智心的另一功能，是特別重視經驗知識，主張由知識來決定人的行爲，完全擺脫了孔、孟的行爲理論。〔註64〕

〔註59〕同前註，頁70～82。
〔註60〕《荀子・正名》。
〔註61〕《荀子・解蔽》。
〔註62〕韋政通：《荀子與古代哲學》，頁140～146。
〔註63〕韋政通：《先秦七大哲學家》（臺北：水牛圖書出版事業有限公司，1985年）。
〔註64〕韋政通：《先秦七大哲學家》，頁151～153。

韋氏又指出，荀子爲了建立禮義之統的實效理論，把自然的性、天視爲禮義效用貫徹的對象，禮義效用運用在性的一邊，具有特別的意義，因爲人性要有意義，就必須接受禮義的陶養。韋氏認爲，荀子的人性理論可分三部分來了解；首先，荀子認爲性成於天之自然，是不可學不可事。第二，說荀子講人性本惡是錯的，因爲他對人性本身的了解只是一張白紙，人性當中惡的成分，是由人後天的貪欲所引起的。第三是有關除惡的方法，荀子認爲要運用禮義所產生的教化功能，來矯治人生的惡行，以免流於貪欲。〔註 65〕

十三、黃美貞：《荀子倫理學說平議》〔註 66〕

黃美貞提出，本書旨在平議荀子學說，不沒其長，不文其瑕，使其學不因主性惡而不顯，見拒於儒家之正統，全書共分緒論、本論、結論三部份；緒論之內容包括荀子傳略及荀學之源流，本論針對荀子倫理學說加以論述，兼論荀子之修爲法，最後結論則兼述諸家之評論及荀子倫理學說之得失與展望，本書內容與其心性論較相關者主要見於本論中第一章之人性論部分。

對於荀學中之心論，黃氏特別指出荀子以禮義爲聖人所生，乃可學可事，故與不可學不可事之『性』分之。本文認爲孟荀二子皆有所失，孟子之善，就倫理行爲能善或致善之因言之，而荀子則以倫理行爲致善之果言善，因其主『辨合符驗』故也。荀子強調『虛壹而靜』似受道家之影響，孟荀二子之差異在於其心性所涵之義不同。黃氏指出，依荀子之意，心之所以能化性，其功在於養誠，孟子以性善，言「存其心，養其性」，荀子雖主張性惡，然養心致誠，守仁守義，也可以形神而化，孟荀二子之言誠，可以說殊途同歸。〔註 67〕

黃氏指出，孟子言性及心，荀子亦是，或性由心所衍，但先哲言性，自始就針對心靈與生命整體之普遍義論之，心有統攝情、意、知三者，所以孟荀之衝突，只是對心性所指涉的意義不同而已。荀子強調禮義生於聖人之僞，蓋天命之常則，非詳於一切行爲規範，而是於良知良能所及天理之外，所以凡人之倫理律，全由後天學而知之者。〔註 68〕

〔註 65〕同前註，頁 162～164。
〔註 66〕黃美貞：《荀子倫理學說平議》（臺北：嘉新水泥公司文化基金會，1973 年）。
〔註 67〕黃美貞：《荀子倫理學說平議》，頁 19～20。
〔註 68〕黃美貞：《荀子倫理學說平議》，頁 22。

十四、周紹賢：《荀子要義》〔註69〕

周紹賢指出，荀子由性惡之觀念，而開出勸學、修身、解蔽、正論等理論，欲使人歸於「禮義之道」，而達盛世之治，性惡篇所定善惡之標準，亦以治亂爲依據，所謂「正理平治」爲善，「偏險悖亂」爲惡，人欲免除禍亂，必須接受師法之化，行禮義之道，此全在人之作爲，荀子名之曰「僞」；荀子一面指斥人之性惡，一面推崇禮義教化，周氏認爲荀子亦是宏揚孔子之道，故對人之性惡提出警告，謂必須嚴守禮之規範，推崇聖人「化性起僞」之功，勸人爲學，勸人接受師法之教化、良友之切磋。〔註70〕

此外，周氏認爲荀子是一大儒，對人性有深刻的認識，其性惡之說，乃因人性易趨於惡而發，並未抹煞人之性善，荀子曾云：

> 性者，本始材朴也；僞者，文理隆盛也。無性則僞之無所加，無僞
> 則性不能自美。性僞合，然後成聖人之名，一天下之功於是就也。
> 〔註71〕

人若無善性，則無休養工夫，有善性而不加修養工夫，則性亦不能自美，所謂性不能自美，已隱言善性在潛伏之中，荀子此言已說出人有潛在之善性，惟必須加人爲之功，善性始能實現。〔註72〕

周氏又指出，性有善惡之分，心亦有善惡之分，心性似乎爲「一體之兩面」，實不易作顯明之分別，荀子截然將心性分而爲二，荀子只承認貪得好利之私欲爲性，故云人之性惡，並以惡由性發，善由心生，是心性有顯然的分別，周氏認爲荀子既云：「凡以知，人之性也；可以知，物之理也」〔註73〕性既能知理，如此則又心性不分，但周氏認爲荀子書中之總義則爲性惡心善、心性分立之說。荀子以心爲人生全部之主宰，有至高之權力，發號施令，支配人之一切活動，故無所受令，因爲「心生而有知」，心能「知道」，荀子所說之道可以「禮」總括之，心能知道明理，不合理之事，自禁、自奪、自止；合理之事，自使、自取、自行，心不被迫而改變意志，是非自有判斷，所以心靈之表現，未有能反對而禁止之者，萬理皆備於心中，能專一精察而不迷惑，因其能明理自治，故不受外力之干擾，而主持人生

〔註69〕周紹賢：《荀子要義》，（臺北：台灣中華書局，1977年）。
〔註70〕周紹賢：《荀子要義》，頁8～11。
〔註71〕《荀子・禮論》
〔註72〕周紹賢：《荀子要義》，頁10。
〔註73〕《荀子・解蔽》。

之一切。〔註74〕

此外，對於心之功用，周氏亦指出，荀子教人、特重客觀之禮法，人人尊重禮法，而天下治矣，發本心之良知，自動向善，依客觀之禮法，克己自律，皆爲心之功用，荀子以性爲惡，以心爲善，對於心之功用，周氏有歸納出荀子的看法，包括：（一）心能克制惡性，「欲」爲惡之所由生，故荀子以欲性即惡性，但欲之多寡無關於治亂，治亂之因在乎能治欲否，此全爲心之功用。心爲天君，心能明道，受心之支配，故惡性不能發作。（二）心有思辯、有徵知，心之所可，則順情爲之，心所不可，則制止之；心有此思考明辨之智，爲人之主宰，總之，謂心有主動之靈慧，能識辨客觀事物之理，但心靈必藉外物、始克發揮其能知之功用，徵知之義，兼重外物之觀察。（三）心能知道，荀子所謂之「道」、即禮義，禮義爲荀子所示人生之標準，亦爲判斷是非善惡之權衡，而心何以能知道呢？荀子認爲心有「虛壹而靜」、「大清明」之本體，故能知道。（四）心有所蔽，則不能知道，荀子認爲，蔽之所起，由於外物誘惑，心不自主而被陷溺，或生出歧見，或偏於一端，於是心失自主之力，不明是非，而惡性現矣。欲除蔽，必須治心，治心之道，使心歸於虛靜，其道有二，一曰「導之以理」，二曰「養之以清」，如此，則心即在虛靜之境，足以明至理而通大道。總之，周氏認爲荀子雖講養心內修之工夫，然特別注重客觀之理義法度，其謂「心能知道」，「心爲道之主宰」，道即客觀禮義之道，心之功用，即在乎能明客觀之禮義，此與孟子所講良心自省之功用有所不同。〔註75〕

十五、劉文起：《荀子成聖成治思想研究》〔註76〕

本書計分七章，第一章討論荀子化性起偽之說，第二至第七章則分別針對荀子有關勸學、修身、天生人成、禮論、正名、正論諸面向論述荀子思想之概況。本書所論與荀卿心性論相關者，則集中在第一章化性起偽。本章內容先分析荀子性惡說之所自及其產生背景，其次討論荀子性惡說的論證，最後以荀子「以偽化性」之說做結。

關於性惡說之所自及其產生背景，劉氏引證古典，認爲性惡之說，原非

〔註74〕周紹賢：《荀子要義》，頁 13～15。
〔註75〕周紹賢：《荀子要義》，頁 15～24。
〔註76〕劉文起：《荀子成聖成治思想研究》，（高雄：復文書局，1983 年）。

荀子所首倡，而是「先聖已肇其端」，荀子之言性惡，除了因抵拒孟子性善之無辯合符驗，所謂不及知人之性，亦不察乎人之性偽之分者；尚有時勢使然及荀卿自身習性所致。如王先謙所謂：「荀子遭世大亂，……感激而出此也。」而荀卿乃儒家重知之儒也，性惡之說，能持之有故，言之成理，自成一家之言者，乃荀子秉性使然。關於性惡說之論證，荀子言性惡，乃在徵人，故善由外至，生於聖人之偽，非故生於人之性也。〔註77〕

劉氏指出，荀子固以不可學不可事之在人者，謂之性。好惡喜怒哀樂之在情者，乃以為性之本質，在荀子，性即是情，情即是性，兩者不僅同質，亦且同位；劉氏認為荀子論性之旨，則直以欲為性，這包括人之生理欲望及感官本能。欲者凡血氣之屬必有之，皆感而自然，不待事而後生，故人性獸性實無別；但荀子又言人之所以異於禽獸者，曰辨曰分曰禮，可見其勉人為善之誠。荀卿所言性惡之論證，乃持之有故，言之成理，劉氏指出，荀子的論證包含以下幾部分：（一）以人欲之縱而言性惡，儒與小人相對，一縱其性，一忍其情，順其性情，則不辭讓矣，辭讓則悖於情性矣，則知人性皆為惡也。（二）曰以師法禮義之所起而言性惡，人無師法禮義，故必為盜賊；禮義之起，為人性惡，今人必待師法禮義之加而後善者，又以是知人之性惡也。（三）曰生而離其樸離其質而言性惡，荀子反對孟子所說人之性善，將皆失喪其性故惡，是譬若生而喪其目明耳聰，人性亦然，今生而離其質樸之美，是知人性為惡非善。（四）曰以人性之欲善而言性惡，荀子以人之性惡，則與聖王，貴禮義矣，所謂彊學而求之者，思慮而求知之者，是性無禮義不知禮義矣，性無禮義不知禮義，而求有之者，則其為惡明矣。〔註78〕

劉氏又指出，孟子善由內出，故言由仁義行非行仁義，荀卿以善乃外知，故言無之中必求於外，依荀子，以偽化性，必當有一前題，此即人無分上下貴賤，其性皆一同為惡，天就之性，君子小人皆同為惡，其所以為君子者，因師法，積文學，道禮義是也。其所以為小人者，反乎君子之所為，所謂縱性情，違禮義是也。故人之性同為惡明矣，其所以有聖人塗人之異者，亦為之與不為而已。對於荀子性偽之分的觀點，劉氏認為，一本自然天性，人人相同，一為積習人成，人皆有異，特起之為善，二者固已截然相反矣，實亦相待而生，要亦無內在之惡性，則外在之善偽自無成立之必要，無外在之善

〔註77〕 劉文起：《荀子成聖成治思想研究》，頁1～5。
〔註78〕 劉文起：《荀子成聖成治思想研究》，頁8～12。

僞，則內在之惡性亦不能化導使趨於善，性僞合，然後可成聖人之名，可就天下之功。此外，劉氏又指出，荀子所言化性之具，包括師法、法度、禮義；師法乃聖王之制，所謂禮義是也；法度者，所以禁暴惡也，是以禮義爲之準；所以荀卿化性起僞乃禮義之化是矣，其書中，篇篇無不及禮者，誠以禮爲化性之至僞。〔註79〕

十六、蔡仁厚：《孔孟荀哲學》〔註80〕

本書之論述，並非專重於對各項觀念理論做深入之探索，而是著重於基本綱領及其義理的疏導，是屬於統整性及基礎性的通論；本書分三卷，上卷爲孔子之部，中卷爲孟子之部，下卷爲荀子之部；全書之前另列「緒論」一篇，綜述儒家之起源，儒家與諸子之關係、儒家學問之特質與綱領，以及了解儒家之學的進路。本書所論與荀子心性論相關者，見於下卷第三、四章，其中第三章是關於性論的疏解，第四章則討論其心論要旨。

蔡仁厚指出，「天生人成」既是荀學的基本原則，故荀子視天爲自然，亦視性爲自然，並主張制天用天，又主張化性起僞；由此顯現出荀子積極的理論，吾人可從其解蔽、正名、禮樂等理論看到荀學的積極性。〔註81〕在性論部份，作者先就荀子有關性之三義，包括「自然義」、「生就義」、「質樸義」，指明荀子對性之界說係中性而無道德性。荀子言性之內容，綜合之爲感官的本能、生理的欲望、心理的反應三者，順是荀子言人性惡，但隨即又言「化性起僞」，作者強調這方面才是荀子的正面主張。就性而言，因是先天的自然，所以聖人與眾不同；就僞而言是後天的，故因人而異，僞乃是塑造人格的動力，它可以成就善，但不必盡善，人格之高下，不繫於性，而繫於僞。聖人由積而致，其大過人者，只是積慮習能之功。人的知能與性，同樣皆由天生，而性心須化，知慮才能則須加以積習。化性起僞乃是成德成善的根據；依荀子之意，內在的根據是心，外在的標準則是「禮義」之道。〔註82〕

關於心論部份，在荀學中，化性起僞乃是成德成善的根據；依荀子之意，內在的根據是心，外在的標準則是「禮義」之道。其次，蔡氏討論荀子思想中的心性關係，可以說是「以心治性」，但非直接以心治性，禮義之道是行爲

〔註79〕同前註，頁 14～18。
〔註80〕蔡仁厚：《孔孟荀哲學》（臺北：學生書局，1984 年）。
〔註81〕蔡仁厚：《孔孟荀哲學》，頁 517。
〔註82〕同前註，頁 519～520。

的標準，人必須守道以禁非道，才能成就善的價值，以下作者通過三步驟考察說明荀子如何「以心治性」。首先，荀子在解蔽篇中提出透過「虛壹而靜」的功夫，心即可認知禮義，且荀子對心與欲的分析，可稱之為「從心不從性」，其言心，除了「認知義」，亦含有「實踐義」，亦即荀子認為心既能認知禮義，而且認可禮義為行為活動的標準。最後一步是性是否必然依從心之「所可」，而化惡成善，依荀子的系統是沒有回答的。另外一個問題是「人之性惡，則禮義何由而生？」依荀子的說法，性分中既無禮義之事，而有待於聖人之才能，則禮義之必然性及普遍性，根本無從建立。〔註83〕

十七、傅佩榮：《我看哲學》〔註84〕

傅佩榮指出，荀子公然主張「性惡」，是以人性本能所引發的結果來界說人性的本質，因而主張性惡，這種說法是站不住腳的，因為這是把人與動物共有的本能當做人性，不足以構成有效的定義，且荀子並非不知道人所持有的「種差」；他說：「人之異於禽獸，以其有辨也。」亦即人能夠分辨是非善惡；又說：人之異於土石、草木、動物而「最為天下貴」，是因為人「有氣、有生、有知，亦且有義」。因此「辨」與「義」應該是人所持有的「種差」，亦即人是具有善的傾向。唯其如此，荀子才能宣稱「塗之人可以為禹」，依此，傅氏認為荀子實是主張人性向善說。〔註85〕

十八、龍宇純：《荀子論集》〔註86〕

本書是龍氏關於荀子研究成果之論文集，內容包括龍氏有關荀子其人其書及其思想的論述文章以及札記共八篇，發表之時間從民國五十七年至七十四年間，本論文集內容包括荀卿後案、荀子真偽問題、荀卿非思孟五行說楊注疏證、荀子集解補正等考證文章外，尚有荀子思想研究、荀子正名篇重要語言理論闡釋之論文，以及讀荀卿子札記二篇。本書所論和荀子心性論較相關者為第三篇荀子思想之研究。

在性論部份，關於孟荀論性之差異部分，龍氏先討論孟荀論性差異之處，並以現代學者都能體會兩家雖同言性，但內容並不相同，歸納各家論

〔註83〕蔡仁厚：《孔孟荀哲學》，頁519～520。
〔註84〕傅佩榮：《我看哲學》（台北：業強出版社，1985年）。
〔註85〕傅佩榮：《我看哲學》，頁127～128。
〔註86〕龍宇純：《荀子論集》（臺北：學生書局，1987年）。

述重點如下：楊大膺《荀子學說研究》、江忠奎《荀子性善證》二人以性和
欲或性和情兩字區分孟荀差異；在勞思光的《中國哲學史》中，則強調孟
子論性是取本質義，而荀子則取其事實義；吳康於《孔孟荀哲學》一書中
指出孟子所論屬於心理學的知識範圍，荀子所言則為生物層面之動物性；
復次鮑國順參考了徐復觀「中國人性史論」及韋政通「先秦七大哲學家」
之說法，在其《荀子學說析論》一書中認為孟子屬先驗論者，對人性為價
值的肯定，屬形上學範圍；荀子屬經驗論者，所論屬認知層次，並無價值
問題。〔註87〕

　　龍氏在敘述前述學者之看法後，乃針對荀子思想提出幾個問題來討論，
首先是關於性惡說部份，龍氏認為性惡說乃針對性善說而發，荀子是一位長
於分析，注重談辯的學者，何故在與人發生爭論時，各說各話而未針對題目
討論；其次是有關性惡說在荀子的思想體系中佔有什麼位置？與其他思想的
關係如何？最後有關荀孟之差異對儒學是為反動或發揚？荀子在儒學佔何種
地位？均是本文論述之重點。〔註88〕

　　龍氏對於荀子性惡說之實質意義，認為荀孟論性表面雖相同，實則所指
有別，此已成定說。但二人論性之不同並非對性字之了解有根本之差異，而
不過是個人所著重之點有別而已。以告子為例，告子強調「生之謂性」，孟子
未嘗反對之；荀子正名篇中亦謂「生之所以然者謂之性」，其中對於性字的界
定正同於告子，可見荀孟論性，對性字的了解是一致的。然而一指性善，一
指性惡，乃因二人於性分之中各有資取，故學說亦異；二說表面上雖取相對，
實可互容〔註89〕；本文詳細引述孟子性善言論如：

> 孟子曰：人皆有不忍人之心……所以謂人皆有不忍人之心者，今人
> 乍見孺子將入於井，皆有怵惕惻隱之心……無惻隱之心，非人
> 也；……人之有是四端也，猶其有四體也。〔註90〕

又如：

> 惻隱之心，人皆有之，羞惡之心，人皆有之，恭敬之心，人皆有之，……
> 仁義禮智非由外鑠我者也，我固有之也，弗思耳矣。〔註91〕

〔註87〕龍宇純：《荀子論集》，頁56。
〔註88〕同前註，頁56。
〔註89〕同前註，頁58～59。
〔註90〕《孟子·公孫丑上》。
〔註91〕《孟子·告子上》。

爲例，龍氏通觀荀子全書，並未有徹底反對四端的言論，其提出性惡論而反對四端的言論，則如下：

> 孟子曰：「人之學者，其性善。」曰：「是不然，是不及知人之性，而不察乎人之性僞之分者也。凡性者，天之就也，不可學，不可事。禮義者，聖人之所生也，人之所學而能，所事而成者也。不可學不可事而在人者謂之性，可學而能可事而成之在人者謂之僞，是性僞之分也。今人之性，目可以見，耳可以聽，弗可以見之明不離目，可以聽之聰不離耳，目明而耳聰，不可學明矣。」〔註92〕

> 孟子曰：「人之性善。」曰：「是不然。凡古今天下之所謂善者，正理平治也；所謂惡者，偏險悖亂也，是善惡之分也矣。……用此觀之，然則人之性惡明矣，其善者僞也。」〔註93〕

依據上述言論，龍氏認爲荀子在性惡說中針對孟子所發的言論只有兩點，禮義乃是生於聖人之僞，而非性善，此其一；人類之辭讓行爲正是悖乎情性的表現，此其二；於此荀子僅對禮義兩端提出相反的意見，仁智兩端則未道及，依此荀子並無法推翻孟子性善說，因仁智二端正是性善說之核心點，荀子之辨證，在邏輯上並無法否定孟子之說。〔註94〕

另外從性之內容看孟荀差異，龍氏依荀子「生之所以然者謂之性」的說法，塗之人所具可以知仁義法正之質，與可以能仁義法正之具，當爲天性所本然，認爲荀子的「可以知之質」與孟子的「良知」或「是非之心」，便看不出有任何的不同了。其論述結果承認智之端根於天性，無異接受了性善說的部分論證。〔註95〕其次又舉王制篇中所說：

> 水火有氣而無生，草木有生而無知，禽獸有知而無義。人有氣、有生、有知，亦且有義，故最爲天下貴也。〔註96〕

非相篇亦謂：

> 人之所以爲人者何已也？曰：以其有辨也。飢而欲食，寒而欲煖，勞而欲息，好利而惡害，是人之所生而有也，……夫禽獸有父子而

〔註92〕《荀子‧性惡》。
〔註93〕《荀子‧性惡》。
〔註94〕龍宇純：《荀子論集》，頁61～63。
〔註95〕龍宇純：《荀子論集》，頁64。
〔註96〕《荀子‧王制》。

無父子之親，有牝牡而無男女之別。故人道莫不有辨。……〔註97〕

因此，龍氏認為既云人知好利惡害，便當涉及價值判斷，故終為人與禽獸之不同，荀子心目中有關父子之親及男女之別，當然也關係到價值判斷，其所謂「義辨」，其實也便是孟子的「是非之心」，於人性裡肯定一個同於孟子的是非之心，他既一面針對孟子而言性惡，一面又同於孟子而言是非之心，故性惡性善二說本可以互容。〔註98〕荀子復云：

凡生乎天地之間者，有血氣之屬必有知，有知之屬莫不愛其類，……

故人之於其親也，至死無窮。〔註99〕

荀子以為凡有血氣之屬莫不愛其類，而人為最，顯然也屬於天性如此。這種有血氣之屬莫不愛其類之心，不就是儒家的仁嗎？本文最後反問荀子於正名篇教人：「以仁心說，以學心聽，以公心辨」，但荀子卻欲以性惡取代性善，真有「以公心辨」嗎？〔註100〕

本文又針對性惡說在荀子思想中的定位問題，以及禮為其哲學本體說法加以分析探討，針對這個部份，龍氏先將其他學者看法提出：如楊筠如《荀子研究》中說：「荀子，性惡是他哲學的本體。」陳大齊在其《荀子學說》一書中強調：「荀子學說有其一貫性，自若干基本觀點出發，以構成其學說體系。」並歸納出荀子學說基本觀點為「一、天是無可取法的；二、人的特色在於有義辨與能群；三、人性是惡的」；而江忠奎的《荀子性善證》引《朱子語類》，認為荀子論性，「只欲立異」而已。至於馮友蘭「中國哲學史」認為性惡說非荀子哲學的本體，也不是荀子的基本觀點，其性惡說源於「自然天」之觀點；針對此說，本文認為顯不合理，因為自然天不一定是惡，最多能說無所謂善惡而已。〔註101〕荀子曾說：

所志於天者，已其見象之可以期者矣；所志於地者，已其見宜之可以息者矣；所志於四時者，已其見數之可以事者矣；所志於陰陽者，已其見和之可以治者矣。〔註102〕

可見荀子對自然亦主張藉觀察獲取知識。而禮論篇也說：

〔註97〕《荀子·非相》
〔註98〕龍宇純：《荀子論集》，頁67。
〔註99〕《荀子·禮論》
〔註100〕龍宇純：《荀子論集》，頁67～68。
〔註101〕同前註，頁68～69。
〔註102〕《荀子·天論》

> 凡禮，始乎梲，成乎文，終乎悅校。故至備，情文俱盡。其次，情
> 文代勝；其下復情以歸大一也。〔註 103〕

龍氏認為歷來學者所注意到的只是荀子在老莊之後，把傳統以來的「主宰
天」、「義理天」或「人格天」看成「自然天」，卻忽略了主張「隆禮」的荀子，
所以作者以為禮才是荀子思想的基本觀點，依此本文認為「禮」才是荀子哲
學的本體，「宇宙一切不離乎禮」的觀念才是荀子的基本觀點。雖然學者們公
認性惡說和隆禮之間有密切的關係，但都以性惡說為因，隆禮是果來理解；
龍氏指出荀子不曾徹底否定四端之說，還承認其中仁智兩端，故知性惡的主
張非荀子基本觀點，主張隆禮反倒是他的基本思想；性惡說為因，隆禮是果
的了解是有問題的。〔註 104〕本文又引述性惡篇中的說法：

> 今人飢見長而不敢先食者，將有所讓也；勞而不敢求息者，將有所
> 代也。……今誠以人之性固正理平治邪，則有惡用聖王，惡用禮義
> 哉？雖有聖王禮義，將曷加於正理平治也哉？今不然，人之性惡，
> 故古者聖人以人之性惡，以為偏險而不正，悖亂而不治，故為之立
> 君上之埶以臨之，明禮義以化之……。〔註 105〕

在此把善字解釋成正理平治，因禮本是一切正理平治的本源，龍氏認為荀子
性惡之說，並非其所見人性與孟子完全不同，而只是為了聖王禮義與性善說
不能相容，而改言性惡。性惡說乃是有所為而發，其出發點不在性本身，而
是在聖王禮義，不在性之果為惡，而在聖王禮義之不可無，對於徐復觀所認
為荀子「對於孟子人性論的內容，可說毫無理解」的說法持否定態度；所以
本論文強調「禮」才是荀子哲學的本體，性惡的主張並非荀子思想的基本觀
點，主張隆禮反倒是他的基本思想。〔註 106〕

十九、魏元珪：《荀子哲學思想》〔註 107〕

魏元珪首先指出，總括荀子言性之界說，可分兩層意義，包括「生所以然

〔註 103〕《荀子‧禮論》
〔註 104〕龍宇純：《荀子論集》，頁 70～71。
〔註 105〕《荀子‧性惡》
〔註 106〕按龍氏認為「嚴格從邏輯意義而言，性惡說既由隆禮思想而產生，又以性惡
　　　　解說禮義的緣起，自不能不謂之一病，然而荀子的本意，無非是強調禮義的
　　　　重要，……因此，說這是荀子一時的疏忽說錯了話則可，據此而遂謂說性惡
　　　　說為荀子的基本思想則不可。」同前註，頁 73～75。
〔註 107〕魏元珪：《荀子哲學思想》（台北：谷風出版社，1987 年）。

謂之性」及「精合感應」，前者較具生理之作用，後者則較重心理之因素，總觀荀子言性，實包括與生而具來的生理與心理的本能素材而言，荀子乃循告子「生之謂性」之同一思路，是即包括生理欲望食色之性，以及目明耳聰之性，皆係生而本然者，非學而能也。但性之功能，卻有待情和欲的表現，荀子且以情為性之本質，於是情與性，不僅同質，亦且同位。事實上，性、情、欲三者在荀子觀之，乃一體之三名，固荀子無形中乃就欲以說性，性、情、欲三者實相互連貫，均來自天賦本然，魏氏指出，荀子的基本觀點，即肯定「欲」有其存在之必然性，欲為情之表現，情更為性之實質，三者相為用，密不可分，為構成人性之基本實質與功用，故捨欲無以顯情，捨情無以見性之質也，荀子之人性論，最後乃落實於「欲」的層次，以欲為性之基本而不可去。〔註108〕

魏氏指出，荀子說性乃循告子及先秦諸家之觀點，即指「生之謂性」之謂，此中實包含生理欲望，自然性向與心理情緒等自然生命所構成之特徵而言。荀子本乎告子生而謂性之立場，但不主張性無善惡，卻肯定性之傾向於惡，是亦與告子之主張有所不同處，有關荀子論心性之關係，魏氏指出，荀子以心性為二，性乃生而就者，而「心」卻係認識作用之機構，以及專為思慮所成立之禮義文理與精合感應而已，是心者乃認識之心，人並未具天生之道德本心，故心者不過積習而然，荀子雖肯定性惡，但其主旨卻在提倡遷善之說，趨善之通路乃在心知，而不在性本身；其次，魏氏認為，荀子雖將心性二分，但兩者卻有密切的關聯性，性為生之素材，心卻係慮積能習之來源，若缺乏此能慮之心，性當無法遷善，總觀荀子論性，其所以必性心二分，實受道家莊子學說之影響，蓋以「天」為自然，以「心」為人類意識之機構與行動之主宰；但荀子卻以心為謀救性惡之通路，以此心為認知心，可使人藉後天之人為而遷善。荀子明言心能中理，為判斷之中樞，但荀子卻忽略了心未必能保證其是否中理，因「心」可擇善，亦可不擇善，有中理者，亦有不中理者，故心之主宰性，並不含道德意義，心之主宰性，純由認識能力而來，由是荀子極重心術之患，明言心有選擇之能力，故應善為培養，因而荀子之主題落在「心」上，以心之知道，去做化性起偽的基礎，故心性雖不同，但密切相倚，尤以心之知道為化性之關鍵。〔註109〕

對於荀子性惡主張之論證，魏氏認為似有欠圓滿處，但關於荀子立論之

〔註108〕魏元珪：《荀子哲學思想》，頁 79～82。
〔註109〕魏元珪：《荀子哲學思想》，頁 82～85。

初衷，未嘗不以善爲出發點，欲人之達於重禮、重法、尊君之要求，故乃本其道德理想價值，對心以言性，俾收化性起僞之功。荀子對於人類心的功能，在乎意識作用與作爲知道之判準，並以心爲形君，有徵知之能，人間一切知識大都起自人對外在事物之徵知，故認心爲主宰精神作用之樞紐，以心爲認識之主體，依此，魏氏指出，荀子除確定人類之心爲「認識心」外，亦肯定「道心」之作用，認爲所謂「道心」實即人類主體性之自我反省，與道德價值之判斷與決策者，然此所謂之「道心」，非「人心」外尚有一道心之存在，所謂之道心實即「禮義文理」，「仁義法正」之客觀標準。魏氏指出，荀子雖然以「道」做爲人心之制衡標準，但此道並不具形上意義，不過泛指一般「禮義之中」，做爲一切行爲的權衡。荀子以道德仁義，本非人性中所固有，乃後天學而成者，故所云之「道心」，亦非內在之天理，不過是主體性知「道」之心，俾使人能依之而改過遷善之謂，荀子既以心能知道，可正性惡之偏邪，卻不承認道德乃由人類先天所內發。荀子認爲所謂道德，本係人之「認識心」在後天禮義教養中所學習而得者。魏氏認爲，認識心所能成就者爲知識，荀子之心觀既重認識之心，而非如孟子所言之道德心之具有先天能力，故其所說之道德，自係由吾人之認識心所積習而成者，亦即純由外爍而進入吾人意識之中，是以荀子在此所主張之道德，不過是後天的積習，而非先天的能力，因此在事實上並不保證吾人在行爲上，是否確有行使道德之能力，蓋明道德之說者，未必即有實現道德之能力。〔註110〕

二十、周群振：《荀子思想研究》〔註111〕

本書共計六篇，大約是各就一主題做深入之分析，這包括心性、禮義、天人、政治、正名等內容；在本書第二篇中，周氏以「荀子之心術觀與性惡論」爲題，對荀子之心性思想的相關問題，特別是對心術觀及性惡論原義詳細剖析。

首先周氏討論荀子心性思想與告子之淵源及異同，認爲荀子固是屬於儒家而不同於告子，但就其論性一事，則與告子並無不同，因爲告子說：「生之謂性」、「食、色，性也」，荀子也說：「性者，木始材樸也」、「生之所以然者謂之性。」、「不可學、不可事而在天者謂之性」，其思想理路，可謂如

〔註110〕魏元珪：《荀子哲學思想》，頁92～96。
〔註111〕周群振：《荀子思想研究》（臺北：文津出版社，1987年）。

－43－

出一轍，但周氏認為值得提出的問題是在其結論的差異，告子認定「性無善無不善」，而荀子則說「性惡」。〔註112〕此雖無關其對性論之差異，荀子對於心性的作用比告子有更確定的指謂，荀子說「性惡」，乃在於其為學不背乎儒家大旨有關；儒家本以道德仁義之實現先務，荀子在這方面，也有深刻的述說，周氏指出，在根源上，荀子認為道德仁義不可能求之於心性，而當求之於具有正理平治之實效的禮義之統，人之為善，不能在主觀的「心性」上立基，而立基於客觀的禮義之統。且一味求為正理平治之實效，但因人之爭奪、殘賊、淫亂等行為，且爭奪、殘賊、淫亂之所以興起，乃因人生而有好利、疾惡之慾望，荀子以這些與生俱來之罪惡為性，並制定為性惡。之所以如此，周氏認為乃因荀子的經驗主義心態，缺乏形上之理念所致。〔註113〕

周氏復指出荀子之心術觀與其天論思想有關，因為荀子以自然人看待人性，即無法看到可以自足自持的主體性和價值意義，以至心性思想不可避免的要走向同於告子的路途；周氏進而對荀子心術觀之原義加以分析，他指出荀子的思想既完全以道德理念寄託於客觀的禮義之統，則主觀的心、性便是各自獨立而立說；心無本體或主體意義，只有術或作用的意義。「心術」之為言，在周氏看來，正所以代表荀子對於心之為心的一個整全看法，所謂「術」，實即「方術」、「方法」之謂，而「心」與「術」之關係，則是以心順術而行，而無具體之內容。

二十一、翁惠美：《荀子論人研究》〔註114〕

翁惠美首先針對近來研究荀子之著作略作考察，最後以荀子論人為中心，於荀子學說作一嶄新之觀察；作者提出中西哲學之根本差異，在中國哲學之「人文特質」濃厚，西方哲學以知識為中心，中國哲學則以「生命」為中心，特重主體性之自覺與道德心之彰顯，而將「人本主義」推到極致者，首為孔子，在心性部分，荀子既不以良知良能為人之性，而以人之情與欲言性。本書即以「人」為中心，第一章介紹荀子其人其書，第二至第六章分別討論人之特質、人之修養、論政治人物、論古今人物、論天人等方向加以論

〔註112〕周群振：《荀子思想研究》，頁23～25。
〔註113〕同前註，頁26。
〔註114〕翁惠美：《荀子論人研究》（台北：正中書局，1988年）。

述，在研究中特別觀察荀子學說中各個層面與身份的人，以及荀子有關人的特質、人性及天人的意見。本書認爲：荀子所以視性爲待化之天生，乃源於荀子對人類能力的期許。本書所論述與心性論較相關者，主要有第二三章論人之特質、修養，第七章論人性等章節。

在性論部份，翁氏指出，荀子所言性之內涵與孟子有異，二者所言之善，在意義上也不相同，翁氏認爲如能深入了解，二人之說並非水火不容。荀子之性乃天所生者，非人力所可學而成，凡人爲所成，人力所致者，荀子稱之爲僞；荀子所言性之內涵，實並情與欲而言之，荀書常以情性並言。正理平治，偏險悖亂，皆爲人類行爲之結果，是荀子乃就行爲結果以論善惡者也。並以禮義爲衡量人類行爲善惡之標準。治亂爲荀子善惡之分野，善惡在於心之所可也，荀子所謂性惡，乃指人心及情欲本身不知禮義，若心能知道，以知禮義，則能去惡向善。〔註115〕

對於性惡論證，翁氏認爲荀子由人類好利、疾惡諸情性不加節制所導致之爭奪暴亂等流弊以證性惡，此外，荀子又由君上、師法、禮義之所起以言性惡。因人之性苟爲正理平治，則無須聖王禮義師法之教化矣。另一方面，荀子以性不知禮義，故曰性惡。此外，荀子又由人之欲爲善以言性惡，〈性惡篇〉所謂：「凡人之欲爲善者，爲性惡也。……人之欲爲善者，爲性惡也。今人之性，固無禮義，故彊學而求有之也。」〔註116〕

對於化性向善部分，如何化性向善實爲荀子人性論之一大課題，荀子認爲因性中含有一顆能知之心，心能知道，實爲化性向善的關鍵。但荀子並不以爲人心之自主性皆爲可靠，因爲認知心可以決定向善，也可以決定不向善。故心之主宰性對行爲之道德而言並非可信賴，必須憑藉外在之道爲標準之知，方可信賴。荀子所謂之道是指客觀之禮義而言（引韋政通說法），透過虛壹而靜的工夫，心可以知道；除此之外，外在之積學亦爲化性向善之關鍵。〔註117〕

在荀子心論方面，翁氏提到荀子認爲人心能知道，此心爲認知心，認識道然後可道，此心何以知道？曰虛壹而靜。所謂虛者，要人不可因已有之知識所蔽塞，所謂壹者，乃承心之自由意志而說，宜釋爲「專壹」。論述荀學中人心能知道的部份，認爲除須虛壹而靜外，尚因心具有主宰地位、能力。人

〔註115〕翁惠美：《荀子論人研究》，頁 165～168。
〔註116〕同前註，頁 171～178。
〔註117〕同前註，頁 179～182。

之行動乃受心之意志力之支配，而且心具有節制情性與欲望的能力，而其節制之標準非心本身所具備者，節制之標準在客觀外在之「道」，心有可以知道之認知能力，故治亂在於心之所可。〔註118〕

對於荀子是否以心為性？翁氏認為，可就二方面言之，一為情與欲，一為能知之心。至於知道之心，是出於後天人為之作用，所以知道之心為偽，並不是性。荀子乃就行為結果以論善惡者也。並以禮義為衡量人類行為善惡之標準。治亂為荀子善惡之分野，善惡在於心之所可也；誠如徐復觀所說：「所以心，是他由惡向善的通路。」唐君毅亦說：「荀子之學其要義不在言性，而在言心。」〔註119〕

而如何化性向善實為荀子人性論之一大課題，荀子認為因性中含有一顆能知之心，心能知道，實為化性向善的關鍵。但荀子並不以為人心之自主性皆為可靠，因為認知心可以決定向善，也可以決定不向善。故心之主宰性對行為之道德而言並非可信賴，必須憑藉外在之道為標準之知，方可信賴。荀子所謂之道是指客觀之禮義而言，透過虛壹而靜的工夫，心就可以知道。〔註120〕

二十二、何淑靜：《孔孟荀道德實踐理論之研究》〔註121〕

何淑靜以「希望透過概念分析的方式來了解儒家的道德實踐理論，而後再據之來客觀的檢證它的道德實踐理論是否完備」為主題；何氏有關荀子道德實踐理論之研究，就是以這種觀點，透過對荀子道德實踐理論之根據與途徑的了解，來客觀地檢視他的道德實踐理論是否完備；重點乃在於「荀子所主張的道德實踐之根據與途徑是否能保證道德實踐之普遍必然」之問題上。在本書中，第一至第五章，內容上在闡釋荀子思想中有關其性格思想進路，以及對人性方面的看法為論述內容，其中第二三章與荀學中之心性論相關，第四、五章則依據荀子之心性論，探討其道德實踐的可能性及問題所在。

何氏指出，荀子所了解的性乃含自然、生就、質樸等義，此即表示荀子是從生命之自然徵象來了解「性」。他是從經驗的、實然的領域來了解性。其所言的「性」不涵形上意義。此由「性者，天之就也」、「性之和所生，精合感應，不事而自然謂之性」的涵義即可確定。由「性者，天之就也」論之，

〔註118〕同前註，頁183。
〔註119〕翁惠美：《荀子論人研究》，頁185～186。
〔註120〕同前註，頁187。
〔註121〕何淑靜：《孔孟荀道德實踐理論之研究》（臺北：文津出版社，1988年）。

何氏認爲此語中的「天」並沒有形上的、超越的意義，亦即客觀地描述「性」是經驗中之自然存在。從荀子所主張之「知天」與「不求知天」兩種意義，何氏認爲荀子對於「天」基本上就是一經驗的實在論之態度，因而荀子所了解的「天」，沒有道德、宗教、藝術等意義。所以「性者，天之就也」是用來客觀的描述「性」是經驗中之自然的存在，是自然而有者。這表示「性」與「天」的關係，是「性」與「自然」的關係，二者的關係是同層且同質的。「同層」是指「性」和「自然」皆是經驗層次內存在；「同質」則言「性」與「天」皆是自然的存在。〔註 122〕

何氏又指出，據「生之所以然者謂之性」一語，不足以言荀子的「性」本有形上的意義，荀子所了解的性是形下的、經驗的意義，而「所以然」是形下意義之「自然」意，因爲由「性者，天之就也」的意義，表示「性」與「天」的關係，是同層且同質的存在關係，以此來看「生之所以然者謂之性」，此語當是「生而自然如此者爲性」的意思。〔註 123〕何氏總結指出，荀子所了解的人性，乃內在于人的生命中而與「經驗之自然同質而同層者」。他所了解的性乃含有「生就義」、「自然義」及「質樸義」，故『性乃是一沒有道德價值之意義的材質而已』；人在成爲具體的存在之始時，只是一「自然的存在」，沒有價值的意義。荀子不由人性之內容與動物性之內容有別來區別人與獸，而由作不作道德實踐之修養來區別人與獸，此屬於僞，不屬於性，荀子勉人爲學，即是因爲學可以建立起人之所以爲人的道德價值之故，但道德的實踐必有本於「生而有」者才能完成，此乃源自人與獸在「性的內容」上有異，此異即在于「心知」，「心知」在荀子的系統中似有雙重性，它屬於性，但又似乎又轉而能治性。這和荀子是否以心爲性有關。〔註 124〕

關於心和性的關係，因荀子主張性惡，「心」是人所以能作道德實踐的主觀依據，且「心」是人在價值上之所以能有別於動物之依據，依此，何氏認爲荀子所言的「心」應當作是「性」，就荀子的性義來看「心」（心知），則心當亦是性；〔註 125〕但說「心是性」豈不以「心」亦爲「動物性之自然」，則「心」如何能作爲「道德實踐之主觀依據」，依此，何氏又認爲「心不是性」有成立

〔註 122〕何淑靜：《孔孟荀道德實踐理論之研究》，頁 21～27。
〔註 123〕同前註，頁 37。
〔註 124〕同前註，頁 38～44。
〔註 125〕同前註，頁 47～48。

的必要。何氏進一步指出，在荀子思想體系中，「心是性」與「心不是性」這兩層意思都有存在的必要。且無論是單「以心為性」或單「不以心為性」，在荀子的系統中，都將發生困難。何氏認為荀子乃是由兩種不同的立場來論心的，此即「心」有雙重性。〔註126〕何氏認為若說「心是性」，則是從「生而有」說的，荀子以「心」為「天官」，是即以「心」為「性」的意思，且由心有「好利」等自然情欲，可知「心是性」，最後由「知」、「慮」皆「心」的作用，表示「心」是人生而即自然有的，故「心是性」，總而言之，何氏認為，依荀子對「性」的瞭解是從「生之所以然」來瞭解的，從「生而來」說，「心」就是「性」。故可推論荀子思想是涵「心是性」意。〔註127〕

何氏又指出，若從生而有來說，心是一天官，心就是性。若從「心」是「天君」來說，它是「能治者」，因此它就不是「性」，由於心之為「天君」是天生自然有的，故而它能作「實踐的工夫」，心之能治，之為「君」就是「心」由性轉而為「非性」之依據，何氏指出，關於荀學「心不是性」的看法，則是從「實踐功夫」立論的，如此，「心」在價值上自比性高一層次，而不再是性，依此，「心」之為「天君」乃是天生自然的，具有實踐上的意義，「心」是透過「實踐的工夫」（虛壹靜的工夫）而成為不是『性』的。何氏指出，此可由荀子所作的「性偽之別」來探討，因為荀子以「惡」成之於人順性而無節，而「善」乃成之於「偽」，人之所以能成「偽」，即能成就道德的實踐，乃因人生而有「心」之故，此即「心」是人成「偽」，成就道德之主觀依據。〔註128〕因此，「偽」所據以成的「心慮」自有別于「不能作實踐功夫」的「性」。依此，是乃不能以「性」來視「心」。何氏復認為，從實踐功夫見「心」「性」有別，此「別」不是「生而有」的同層存在上的「別」，而是上下層次上的別，此別即是「價值層次上」的別。統而言之，就是「心能治性」，「心」是能治者，而「性」則是被治者。「心」自比「性」高一層次，而成為上下層次之對治關係。〔註129〕

何氏總結指出，「心是性」是從「生而有來說的」，「心不是性」是從「實踐工夫」來說的，則自無「心」、「性」混淆不清的情況產生。所以主張荀子以「心是性」者，是立于「生而有」上說的，主張荀子以「心不是性」者，

〔註126〕何淑靜：《孔孟荀道德實踐理論之研究》，頁49。
〔註127〕同前註，頁50～53。
〔註128〕同前註，頁53～54。
〔註129〕同前註，頁64～65。

則是從「心能治性」，心能作實踐工夫說的。此兩層意思確都涵于荀子的思想體系中，但荀子的瞭解是此「兩層意思並存」，且不相矛盾。何氏還指出，認為荀子不以心為性之學者包括薛保綸先生，薛先生言：「荀子反對心為性及性善說」，認為荀子亦以心為性，或荀學涵「心是性」一義者，如唐端正、李滌生、徐復觀等人。〔註130〕

　　針對心在道德實踐上之意義，何氏指出，荀子視為道德實踐之依據的「心」並沒有「實踐主體」的意思，荀子所瞭解的「心」之為道德實踐的依據是人作道德實踐的「憑依因」而非生起因，荀子視「心」為道德實踐的依據，乃是由於「心能作虛壹靜的工夫」和「心能治性」之故，前者為的要顧「心」之「認知作用」，這是與「禮義」是外在於人之心而為後天的、經驗的「他律」相應的，後者則顯「心」之「實踐意義的作用」，則相應于「性」有「惡」的傾向，人順之而無節則流於惡而主張的，何氏指出，「心」之「實踐意義的作用」是不能決定道德實踐之成的。成就道德的實踐乃是憑依著「心」之能作虛壹靜的功夫而成的，能作虛壹靜的工夫的「心」就是人成就道德實踐的「憑依因」，虛壹靜之心的作用就是在把握禮義，但係屬於「認知作用」，它是不能對行為活動表現有決定性的作用，何氏認為，「能治性」之「心」不能內在而自足地成就道德的實踐，只是人成就道德的實踐之「憑依因」，並不能保證道德實踐之成。「心」之為人作道德實踐的「憑依因」是不足以保證人之必然地作道德的實踐，荀子所瞭解作為道德實踐之依據的「心」，在保證人作道德的實踐上，強度不夠，故而不能保證人人皆必然地作道德的實踐。其實踐理論所主張之道德的實踐沒有普遍的必然性；因為心不能內在而自證的作道德實踐的工夫，不能內在而自主地生起道德的行為。由於荀子之道德實踐理論不夠完備，所以不能充其極地建立起他所主張之「人皆可以為堯舜」。〔註131〕

二十三、徐平章：《荀子與兩漢經學》〔註132〕

　　徐平章認為，荀子之言心性天道，乃綜合道家之說，道家論性，分性為二，一為出於天之性，一為由造作而生之欲，雖未明言善惡，然其言使民無欲，虛心實腹，則欲為惡也明矣。荀子以情根於性，情欲寓焉，與道家固有別矣，正

〔註130〕何淑靜：《孔孟荀道德實踐理論之研究》，頁 67～71。
〔註131〕同前註，頁 131～134。
〔註132〕徐平章：《荀子與兩漢經學》（臺北：文津出版社，1989 年）。

為道家而發；其論求道之心，荀子主「虛壹而靜」以知道，更本於道家求道之方，就天道論而言，荀子天論篇正為諸子而發，但荀子論天之旨，與老莊終歸有異，蓋老子以清靜輔萬物之自然，於人事有所不為，荀子則主戡天主義，強調以人助天，制用自然，謂天地自然參於人者也。但雖以聖人為不求知天，仍主隆禮義脩身而參天，是其所以綜合道家而仍為儒家也。〔註133〕

徐氏又指出，荀子之學，固法於孔子者也，其所同於孔子而異乎百家者，亦曰禮而已矣，此其所謂儒也，然其禮非本乎性，而曰「偽」也，偽者外至，非由內也，故其學與孟子，大旨固同，跡仍有異也，異之尤者，性善、性惡，尊先王、法後王之說耳，其學之所隆者禮義，所貴者驗證，為其以禮義非生於人之性而生於人偽，凡此皆由外爍我也，亦荀子學術之特色。荀子論性惡，意在勸人勉學，假外力以化性起偽，觀荀子一書，勸學為首，意亦在此。其勸學之教，幾全為外物論，不取內心；然則荀書曰積、曰偽、曰化性、曰隆禮，皆所以勸學也。積學則須「壹其心志」以從之，「壹」而有成者，古例斑斑；徐氏以為，蓋視人性本惡，若不受師教，則弗知積善，無師無法，則爭奪淫亂之心生，故師所以立身正儀而貴自安者，然師之極致，則為「君師」；故荀子學之所止乃以聖王為師，聖王之道，禮正其經緯蹊徑，天下末之能損益也。故荀學之重禮，為化其性惡也，乃自外求，積善以成德，假物而為功。〔註134〕

二十四、吳茹寒：《荀子學說淺論》〔註135〕

吳茹寒將本書分三部份分析探討荀子的學說，前論三章旨在探討荀子生平事略、其書、學說及各篇篇旨。本論共計十二章，針對荀子思想中各個層面加以研究，其中包括荀子天道觀、名學、性論、解蔽，以及政治、教育、經濟等學說，吳氏認為荀子為建立其「禮義之統」，首以天論闡述其天道觀，復藉名學，說明人性之惡。故須以「心」和「道」建立社會秩序，荀子學乃正理治平之學。後論二章略述荀子論相及論十二子，本書內容與荀子心性論較相關者包括第三章荀子論性及第四章荀子論蔽兩部份。

吳氏依據荀書各篇有關性之定義，如荀子在正名篇、性惡篇中的論述，明確指出荀子有關性之定義和作用：荀子論性，並不完全在性惡一篇中，他

〔註133〕徐平章：《荀子與兩漢經學》，頁 20～24。
〔註134〕同前註，頁 37～42。
〔註135〕吳茹寒：《荀子學說淺論》（臺北：文津出版社，1989 年）。

在正名篇中對性的定義和作用已然提及，所謂「生之所以然者謂之性」、「不事而自然謂之性」及其對性的定義；性的作用則為性對外物直覺所發生反應的作用，荀子稱之為情，荀子心目中的性、情、欲具有連鎖從屬性，眼睛的好色、口舌的好味，心的好利等都是本於情性而產生的，也說明了一切由欲所表現出來的無不導源於性。〔註 136〕

吳氏指出，荀子本於對性所下的定義和作用，在性惡篇中，不厭其煩提出性惡的論證，認定性是惡的；吳氏認為荀子首先認定人的欲是惡的，欲經過情的連鎖反應至性，故爾性也是惡的。所以吳氏認為荀子的性惡說是指的人性如順其自然發展，則由於欲念的衝擊，最後必入於惡，並不是指性的本質，而是指「性向」。〔註 137〕吳氏並引述了陳大齊、韋政通之批判來凸顯本說法，在陳說中已然指明性惡是性的趨向，韋政通的說法雖沒有明白指出性惡是性的趨向，但無疑性惡是指性的趨向而言。〔註 138〕且認為荀子所論，以為正理平治的善是生於聖人的化性起偽。有關性善與性惡之論述，吳氏引述陳大齊「孟子性善說與荀子性惡說的比較研究」曰：孟荀的差異點別有所在，在於孟子偏重於主情與荀子的偏重於主智，所以要分辨性是善是惡，必須先確定性的定義，對性加以「正名」。因為孟荀兩人對性的定義不一致，性的涵攝就不相同，才導出善惡不同的性說。吳氏認為荀子由性的惡欲立說，要人化性起偽，以禮義來化導人的偏險悖亂，達到人類社會的治平之道。〔註 139〕

對於荀子之心論，吳氏認為荀子的心有著無上的權威，它是道的主宰，形的君，它「出令而無所受令」，它有自禁、自使、自奪、自行等能力，但心雖能發號司令，是則受，非則辭，這裡的是和非，並不是真是真非，而是指心以為是的是，心以為非的非，如果心不發揮效用，縱有耳目，亦必聽而不聞，如果心的決定「中理」，欲雖多，仍無害於正理平治，如果心的決定「失理」，則欲雖寡，仍將陷於偏險悖亂。所以欲的多寡雖和治亂有關，並沒有絕對的影響力，問題是欲的合理不合理，吳氏指出，荀子的以心治欲有兩層意義：（一）是制欲不是窒欲，（二）欲要在合理情形下，得到適度的滿足。〔註 140〕

〔註 136〕吳茹寒：《荀子學說淺論》，頁 51～54。

〔註 137〕同前註，頁 57。

〔註 138〕同前註，頁 58～59。

〔註 139〕吳茹寒：《荀子學說淺論》，頁 63。

〔註 140〕同前註，頁 67～68。

此外，吳氏指出，荀子認爲心在「大清明」的情況下，所可必然中理，反之，心若有所蔽塞時，所可便會失理。所以荀子把閉塞視爲心術的公患，認爲量事度理，必須要周觀遍察，如果偏於一端，則必然產生蔽塞的禍害，吳氏並把荀子的解蔽和大學中的正心加以比較，兩者同樣重視心的爲用，吳氏指出，解蔽實在就是正心。〔註141〕對於如何解蔽，吳氏歸納荀子的言論，得到兼陳萬物、中縣衡焉及大清明三點；兼陳萬物就是要多面觀察，才能沒有偏差，中縣衡焉指要有標準，荀子所指的標準就是「道」，和「心者，道之主宰也」中的道相同，荀子學說，從論天、論名、論性到論蔽、輻湊到「道」，所以「道」是荀子學說的焦點。荀子的「道」，是由心爲之主宰的道，但不是心，荀子的「道」，是人爲的，是聖人制作的，荀子由此一「道」進而發爲禮治主義。而大清明則是荀子就心的本位立論的，兼陳萬物和中縣衡焉是外在的客位，大清明是內在的主位；吳氏指出，荀子的心並不是在任何情況下，都能慮而中理的，換句話說，心必須在「大清明」的情況下，才能有知道、守道、禁非道的功能。而大清明有三原則，那就是虛、壹、靜，虛心體察所將受的，不要被已知的所害，心有兼知的功能，但就某一事物來說，務必專一，才能不因彼一害及此一；本此三原則，兼陳萬物，再以道爲標準，就能解除蔽塞，以心爲之擇的慮也就必然能中理了。〔註142〕

二十五、吳光：《儒家哲學片論》〔註143〕

吳光指出，荀子提出「人性本惡」的理論，並在此基礎上建立了一套「化性起僞」、「隆禮重法」的政治倫理哲學，從而在中國儒學史上形成了一個與孟學「相反相成」的荀學傳統，使儒家的哲學理論減弱了道德哲學的色彩而增強了政治倫理的色彩。荀子思想中爲後世儒家所特別看重的，還是他的性惡論和隆禮重法的學說，吳氏認爲荀子的性惡論是針對孟子性善論而發的，荀子把人性看作是生而固有，原始質樸的自然屬性，認爲是「生之所以然者謂之性」、「性者天之就也」，這個性又是生來就惡，是後天「不可學，不可事」而只能加以節制，通過教化使之「向善」，而所謂「善」是後天人爲的。在荀子看來，愛好財利、聲色、嫉恨他人以及「飢而欲飽、寒而欲暖，勞而欲休」等等生理需求就

〔註141〕同前註，頁68～70。
〔註142〕吳茹寒：《荀子學說淺論》，頁70～72。
〔註143〕吳光：《儒家哲學片論》（台北：允晨出版社，1990年）。

是與生俱來的人的本性，這個本性是惡的，順其發展、氾濫而不加節制，就會產生爭奪、殘賊、淫亂、暴虐等種種罪惡；而辭讓、忠信、禮義、節文等等道德行為與倫理尺度，都是後天人為，用以節制人的本性，使之合乎道理的原則和工具；吳氏認為，基於「人性本惡」和「化性起偽」的人性論學說，荀子建立了一整套以「隆禮重法」的政治倫理學說。〔註144〕

二十六、蔡仁厚：《儒家心性之學論要》〔註145〕

本書卷上為「心性與心性論」，首先是討論「心」與「性」的涵義以及二者間的三種關係，分別對於心與性的三個層次、心與性的三種關係進行深入剖析和說明，再從心性關係考察宋明儒學之分系；對於荀子心性論方面的分析，主要見於「荀子與朱子系統中的心性論」一章，其中甲部即以荀子心性思想為其討論重點，蔡氏追溯古代中國文化中的人性思想，除了孟子承孔子而發出的「仁是心，也是性；……即心而言性。即心言姓，是從心善說性善」〔註146〕之正宗大流外，還另有一個告子「生之謂性」的老傳統，而從自然生命的材質看人性，這包括了孟子時代「性無善無不善」等思想，以及荀子的「性惡說」，蔡氏並以牟宗三對儒家人性論的義理脈絡的意見，歸結為「以理言性」、「以氣言性」二路；作者還指出，「以氣言性」是第二義的性；「以理言性」，才是第一義的性，從氣言性，則人性的內容無非是「生物本能」、「生理欲望」、「心理情緒」而已，順此發展表現，實無所謂道德價值和文化價值；但儒家人性論的進路，是「以理言性」的，蔡氏在本書第一章中曾分析心性的三個層面，所謂「感性、知性、德性」而言，認為儒家心性之學的中心點，既不落於感性層，也不落於知性層，而是落於德性層；以成立其「心性之學」的，但先秦時期的荀子卻是個例外，其從氣言性，乃視性為惡，對於心與性的關係，荀子強調「以心治性」。〔註147〕

對於荀子論心及其對性之體察，蔡氏先從「心」的觀念談起，依孔孟而言心，心是道德心，但荀子之言心，則與孔孟不同，荀子書中對「心」的用法，大部分都只是一般的意義，如「用心一也」、「身勞而心安之」等例，都不具觀念義，有觀念性的「心」字，主要出現在「解蔽」和「正名」篇，有

〔註144〕吳光：《儒家哲學片論》，頁35～37。
〔註145〕蔡仁厚：《儒家心性之學論要》（臺北：學生書局，1990年）。
〔註146〕蔡仁厚：《儒家心性之學論要》，頁57。
〔註147〕同前註，頁58～61。

別孟子的「以仁識心」，荀子是「以智識心」爲其進路的，蔡氏接著引用「解蔽」和「正名」篇有關心的論述來討論荀子的心論；所謂：「人何以知道？曰：心」（解蔽）、「心知道，然後可道。可道，然後能守道以禁非道。」（解蔽），以此，人之所以能「知」道，是由於人有「心」。心並不即是道，這個「知道」的心，自是屬於認知心，而不是「道德心」，由此可證實荀子是「以智識心」，所識的是理智的「認知心」，因認知心能思、能慮、能辨，故導出其主宰義。〔註148〕

按蔡氏的理解，荀子以心爲「天君」，天、自然義，君、主宰義。天君是五官的主宰，按照荀子的意思，「心」是形體感官的主宰，所以出令而不受令，有人因此認爲荀子所講的心有「自由意志」，但就認知心而說的自由意志，實只是選擇的自由，此與道德心所含具的自主自律之自由意志，無法等同視之。因荀子所講的心，不是具理的道德心，而只是見理的認知心，蔡氏提出疑問？指出由認知心所作的選擇判斷，是不是必然合理合道，荀子提到「心知所可，中理……心知所可，失理」（正名），當心之所可「失理」時，認知心具有的主宰能力便無法保證人的行爲必然是善的，即使它認知了善道，仍不表示就可以行善、成善。這是荀子「以智識心」之主宰義的限制。〔註149〕

其次是闡述荀子關於心的特性及其虛壹靜功夫的討論，荀子認爲人之所以能知道，是由於有心，心之所以能知道，則是因爲心具有虛壹靜的特性。通過虛壹靜的功夫，就可達到「大清明」境界，對於尙未得道而有志求道的人，荀子認爲應該告訴他「虛壹而靜」的功夫，進而認知和體現禮義之道。荀子之意是透過虛壹而靜的大清明之心，以達到最高境界。其次對於心的功能，荀子則提示了解蔽、正名、知統類三方向。〔註150〕

二十七、鮑國順：《荀子學說析論》〔註151〕

鮑國順針對荀子學說的眞相以及把握荀子思想的重點做研究，一方面並不忽視荀子學說表現的特色，另一方面，更欲就荀子學說的中心問題，加以論析，前者內容見於第四、五章，後者內容見於第二、三章；本書第一、二

〔註148〕同前註，頁61～65。
〔註149〕蔡仁厚：《儒家心性之學論要》，頁66～68。
〔註150〕同前註，頁69～71。
〔註151〕鮑國順，《荀子學說析論》（台北：華正書局，1993年）。

章分別針對荀子學說的基本精神、荀子的人生理想加以說明，第三章討論荀子的社會政治論，第四章探討其解蔽正名論，最後一章針對荀子的文學成就加以剖析。鮑氏論述方法有二原則，一為分析法，文字平易，並將問題交代清楚，二則詳人所略，略人所詳；有關荀子心性論與自然論的問題，因論者已多，故僅略作說明，取材和論證的方向與目的，和他書稍有不同，關於荀子的人生理想，社會政治思想，以及文學成就等，因論者較少，本書則列為專章討論；對於「荀子的解蔽正名論」的論述角度與他書也有差異。

　　鮑氏有關荀子心性論者，在第一章第三節性惡論的現實意義，其次第二章第六節積偽成聖，第四章第二節有關心的本質及其在荀學系統中的地位均有所論述；鮑氏指出，荀子所謂「性」是「自然之性」，並沒有善惡的價值成分，與告子所說「生之謂性」正是同一意義，荀子認為人性是純然而無善惡的，是天生自然，不可學，不可事，更不可能喪失的，故其性論實與告子「性無善，無不善」之說相同，如謂荀子主張「性惡」則然，如果說荀子主張「人性本惡」，卻有不然，人之惡，並非人性中所固有，而是順著人性中所涵有的「欲」，不加節導之過，其實荀子所說的性，原是純然而無善惡的一種心理活動，荀子為什麼特別強調「性惡」，鮑氏指出，那是因荀子性惡說是為絕大部分人而發的，是就人生實相而說的，且有其惕勵與積極的用心，因人欲橫流，異端並起，於是荀子亟思隆禮以矯之，其主張性惡，卻未完全抹煞人類的尊嚴，認為人性必固著於惡，而無遷化的可能，反而積極勉勵人積善成德，化性起偽。〔註152〕

　　鮑氏又指出，荀子因為主張性惡，故其論學重在後天的積偽，「積」表示一種學習過程，代表一種後天人為的功夫，與環境的力量，這是人力所能掌握的，荀子認為聖人與凡人的分別，是在於偽，偽中有善與不善，影響偽的因素，包括「慮積焉」和「能習焉」，鮑氏將荀子分析的心理作用歸納為性、知、能，「偽」則是性、知、能三者的綜合體，性是偽的主體，但性是人力所不能為的，其餘能掌握的便是「知」與「能」，也就是「慮積焉」和「能習焉」。人的知慮，要如何才能符合聖人的標準呢？荀子認為必須加強心的「虛壹而靜」的功夫，有此大清明的聖心，則知無所不通，即可符合聖人的條件了。總而言之，在內在的心知上，荀子認為必須強化「虛壹而靜」的功夫，在外在的環境中，荀子要我們「慎其所立」，然後「專心一志」，等到「積善而全

盡」，就可以成為聖人了。〔註153〕

　　鮑氏認為，荀子既主張人之性惡，其所以成善者，是因為另有「心」的緣故，所以當我們談到荀子的人性論時，必須同時配合他的心論，才能圓滿無缺。同時因為荀子對「心」有獨特的認識，使其思想系統染上一種特殊的色彩，因此有人（唐君毅）認為：荀子思想的核心，全在其言心的理論。鮑氏認為荀子對於心的本質的認識有如下特點：（一）心有好利的欲望。（二）心有認識的作用。（三）心有虛壹而靜的功能。鮑氏指出，荀子論性，原分有感官的能力和感官的欲望，心之好利，顯然是與後者有關，此一層次的心，與性惡有關，與化性起偽的心無關，荀子所恃以化性起偽的心，是一顆認知心；相應於仁心、道德心，可以稱之為智心、理智心，這是荀子心論的基本特色。荀子由智識心，是從人類的認知能力上去把握人心，故其所謂「心」僅具有認識的能力，並無善惡可言，也就是價值中立的，治心的方法，在於保持此心的清明，使知無所蔽，所以知心是以成就個人的知識為目的，就荀子之意，累積知識，主要就是為了成就道德人格。〔註154〕但是因為荀子也說過：

> 心者，形之君也而神明之主也，出令而無所受令。自禁也，自使也，自奪也，自取也，自行也，自止也。故口可劫而使墨云，形可劫而使詘申，心不可劫而使易意，是之則受，非之則辭。〔註155〕

心是形軀之君，又是神明之主，所以可以說就是人生的主宰，表示心是獨立自主的，意志自由的，由這段文字，顯然與荀子的心論，有基本上的矛盾，因此有人認為荀子與孟子一樣是主張心善的，鮑氏指出，這是極不正確的判斷，因為孟荀論心的主要差異，便在一個是把握住心的道德性的一面，一個是把握住心的認知性的一面。孟子的性善說，是從動機上去立論，此心當下即善，荀子之所謂善，則是從行為的結果上去立說，人有為善之心，尚不足以稱善，必須付諸實際的行為，有了善行，方足以稱善，所以善不屬於「心」，而屬於「偽」，「偽」固不必皆善，而善必屬於偽，心只不過具有別擇計慮的作用，原無善惡之可言，此與孟子心善之說，絕然不同，因為荀子所謂之心，只是認識之心而已。心的擇慮正確，其「偽」便是善，反之，便會造成不善

〔註153〕同前註，頁 62～65。
〔註154〕鮑國順，《荀子學說析論》，頁 148。
〔註155〕《荀子·解蔽》

的偽。〔註156〕

在心之虛壹而靜的功能面，鮑氏指出，荀子既從認知能力上去把握人心，而人心的認識對象，主要是「道」，也就是荀子常說的禮義，心能知道，方能認識正確，行為中理，以臻於至善，心之所以能知道，則在於虛壹而靜，只有具備虛壹而靜——大清明——的聖心，心方能知道，進而可道、守道以禁非道。對於認知心在荀子思想系統中所扮演的角色，鮑氏指出，荀子因把握人心認知性的一面，而能去觀照認識我們的外在世界，則彌補了傳統道德心偏向內求的不足。〔註157〕

二十八、廖吉郎：《新編荀子》（上冊）〔註158〕

廖吉郎在校注《荀子》的〈導論〉中指出「天生人成」是荀子對於「天」、「人」的看法，在荀子的心目中，天是沒有意志的自然之天，荀子把天看成是所謂的「自然」，既無意志，也不能施行賞罰，人世的禍福，完全由自己的行為所造成。廖氏認為，荀子以為天有天職，人則有應盡的人事，一個人應能掌握所當掌握的天時、地利而盡人事，不要妄求超越自己能力範圍以外的天職，荀了所謂的人事，其實強調禮義修養的重要，荀子所謂的「天論」，其實是在「論人」。〔註159〕

廖氏認為，荀子聖人並非生來便具有聖德，而是由於改變了本性，休養了道德。所以要一個人去注意修心化性，也是荀子的重要思想；廖氏指出，荀子以為情性是與生俱來的，且人性是惡的，但聖人可以化性起偽，而使人為善。荀子反對孟子的性善說，而認為聖王的教化可以使人化性去惡，聖王的治理與禮義的教化正可以使人皆歸於治。荀子又以為任何一個人都可以成為像夏禹一樣的聖人，但不一定人人都能成為禹，因此荀子強調隆禮尚義以修心化性使合於善。〔註160〕

二十九、陳修武：《荀子：人性的批判》〔註161〕

陳修武指出，荀子的性惡與孟子的性善，在荀子和孟子的學術思想中，

〔註156〕鮑國順，《荀子學說析論》，頁149～151。
〔註157〕鮑國順，《荀子學說析論》，頁151～154。
〔註158〕廖吉郎校注：《新編荀子》（上冊）（台北：國立編譯館，1992年）。
〔註159〕廖吉郎校注：《新編荀子》（上冊），頁31～34。
〔註160〕同前註，頁35～38。
〔註161〕陳修武：《荀子：人性的批判》，（台北：時報文化出版公司，1994年）

根本不是同等級的觀念，「性善」，在孟子的學術思想中，是一個不可替代的根本原則，如果把這「性善」的觀念從孟子的書中抽出來，孟子的教訓就沒有一句不是廢話；「性惡」，在荀子學術思想中，根本就沒有這種重要性。它沒有資格作爲荀子學術思想的一個不可替代的根本原則，如果從荀子的書中抽出「性惡」一觀念，不僅其他各篇都可照樣獨立，就是「性惡篇」本身也不必塗掉幾句，荀子學問的目的，也是要人們成就一個完美的人格，但他不以「性惡」爲這種成就的根本，他的根本是所謂的「先王之道」，他要人們用「先王之道」來變化人們的「性惡」之性。陳氏指出，在荀子的了解中，「性」既無孟子所謂的善，也無他所謂的「惡」，完全是中性的，固然，荀子對性惡之強調，可謂到了極點，在荀子認爲，人性本來是惡的，因爲加上「人爲」的因素，才能成就善的行爲。這人爲的因素，荀子指的就是「先王之道」，也就是先王所制定的「禮義」，只有施法這種禮義，才能使我們這「性惡」之性成就善。所以只有「師法」、「禮義」才能爲善，這都是人爲的。荀子以爲，孟子說性善是根本不懂性之所爲性的本來素質，凡是由自然而生，不經由學習而來的，叫做「性」；凡是經由學習而來的，叫做「僞」，孟子不懂「性」和「僞」的分別，以「僞」爲「性」，故不知「性」。〔註162〕

此外，陳氏又指出，由荀子所謂「生之所以然者謂之性」與「性者本始材朴也」，性只是「中性的」，荀子雖然一而再，再而三地強調性惡，但荀子言性的眞實意念，既非善的亦非惡的，而是中性的，荀子一生在這裡沒有自覺，實在是一件值得我們爲他惋惜的事情。〔註163〕荀子性惡論本身，並不可能有正面的價值，就荀子學術本身，「性惡」云云只是「性無善無惡」一觀念之誇大而已，本身就是一個不相應的名詞，陳氏認爲，孔子而後，荀子承襲了孔子「克己復禮」的「他力教」之教訓。「他力教」乃是道德人格成就之所必需的，這便是它的必然價值，此與「自力教」並無必然之不相容，荀子卻把這兩者看成必然的不相容，他力闗孟子性善說，其實根本不在爭性之善、惡，而在根本否定孟子「自力教」的成德方式，因性善是「自力教」的根本依據；在另一方面講，陳氏認爲荀子雖然講性惡，卻是道道地地的人文主義立場，認爲一切價值必須自「人」處開出。〔註164〕

〔註162〕陳修武：《荀子：人性的批判》，頁44～48。
〔註163〕同前註，頁51。
〔註164〕陳修武：《荀子：人性的批判》，頁68～74。

最後，陳氏指出，荀子主張人必須用「他力教」方式使自己成就道德人格，可是性惡之人如何能成就外在的善呢？這認識的根據在哪裡？這就是荀子所謂心之虛壹而靜，在這裡，荀子透出一個純粹理念的心靈與世界了，此心靈，即此世界；此世界，即此心靈。此心靈世界，即此純粹理念。這一個純粹理念的心靈與世界，既無時間相，亦無空間相，所以，既不受時間的限制，也不受空間的限制，同時離一切相又在一切相。總之，觀荀子之意，那個可以作為「本始材朴」的性惡之性，不是道德，但卻是道德成就的必要材質條件，這個「虛壹而靜」的「大清明」之心，也不是道德，但是作為道德成就的必要形式條件，卻必須也只能由它才能辨識出來。所以，荀子所講的「性」，是從生命的本質說的，荀子所講的心，是從生命之主宰處說的，心是治性的，性是為心所治的；心是主動而非被動的，性是被動而非主動的。〔註165〕

三十、譚宇權：《荀子學說評論》〔註166〕

譚宇權指出，荀子說的「性惡」是說如果不能適當控制自己的慾念，才可能有惡行出現，所以其所謂性惡是後天人為的產物；故「人性本惡說」並不成立；又荀子極為重視後天教化的功能，最後譚氏認為荀子的人性論其實是可善可惡或無善無惡論。荀子說的人性本質應該是無善無惡的，但經後天環境影響後，可變得可善可惡。〔註167〕

譚氏又認為，荀子論心的作用，大體而言，也是認為心有很重要的能力，它還是生命的主宰，其作用是認識外界的道理。主要是處理現實世界有關道德禮義的問題，荀子一開始就沒有說人有道德心，他說的心是知識心，即認識外界必須有的智慧。孟荀心的本質之不同在於，前者是主觀性認知所以異於禽獸的道德心，後者研究的對象，則是客觀世界實存的智慧心或知識心。〔註168〕

三十一、李哲賢：《荀子之核心思想——「禮義之統」及其現代意義》〔註169〕

本書旨在呈顯荀子「禮義之統」思想所含蘊之精神，以顯發其精義及創

〔註165〕同前註，頁 76～81。
〔註166〕譚宇權：《荀子學說評論》（台北：文津出版社，1994 年）。
〔註167〕譚宇權：《荀子學說評論》，頁 124～140。
〔註168〕譚宇權：《荀子學說評論》，頁 163～176。
〔註169〕李哲賢：《荀子之核心思想——「禮義之統」及其現代意義》（臺北：文津出版社，1994 年）。

見，在第一至第三章中主要針對荀子隆禮之原因、荀子提出「禮義之統」思想之緣由、依據做析論，第四至第六章則闡述荀子論禮之思想內涵，第七、八兩章則以荀子「禮義之統」思想的影響及其現代意義作為本書論述之總結及精華；本書主要目的除了闡發荀子思想承繼性之面向外，特別強調其開創性之面向的建構，這就是「禮義之統」思想的建構。本書特別提出「個人自由意志之抉擇」為荀子「禮義之統」思想之真正原因所在。

李氏認為荀子思想偏好嚴密之邏輯思維，其表現則在於其對於共理之把握，荀子喜言類、統類、倫類等，故其言禮，也就相當重視其統類義，職此之故，荀子「禮義之統」的提出與其偏好嚴密之邏輯思維方法有關。就建立思想之客觀依據面而言，荀子認為「凡人之患，蔽於一曲，而闇於大理」，進而批判百家立說不免流於主觀之臆設，為成見所蔽；於是荀子提出一權衡之標準——『道』，而道即指「禮義」，並主張心可以知道，心能保持「虛壹而靜」的大清明狀態，即能建立客觀之禮義之統。〔註170〕

荀子基本觀念在「禮義之統」思想建立的重要性分析，本文認為「禮義之統」乃是荀子學說的核心，其學說均是環繞此一中心而展開，並分別從天人分途、由性惡至善偽、法後王、邏輯「共理」之依據等面向來探討其「禮義之統」的思想依據。本文探究荀子思想隆禮義之原因，主要從當時之時代背景、學術環境、歷史背景及荀子個性因素四個層面來討論，就荀子個性因素面分析而言，與荀子心論頗有關係，在本文就特別著重荀子思想中關於認知心之發揮，此乃重智主義之呈現，故亦必重視人類之實然經驗；荀子特別提出人禽之辨，但強調人之所以為人的特性，乃在於人有認識能力，並以人之有理性，能辨為是否成德的依據，此即「由智成德」之思想進路。本文認為荀子有關性的內容包括人心和人欲二者，其性惡之主張，乃自人之自然情欲面立論；但實際上是指順人之自然情欲，而不加節制，則必流於惡，如此之性論，始是有辨合、符驗。〔註171〕

本書論述之與荀子心性論較相關者主要見於第三章荀子「禮義之統」思想之依據，其中荀子思想中主要論點如天人分途、由善至性偽、化性起偽等思想的分析；次見於第一、二章荀子隆禮義之原因、荀子提出「禮義之統」思想之緣由中有關荀子核心思想形成原因的探討之中。

〔註170〕李哲賢：《荀子之核心思想——「禮義之統」及其現代意義》，頁21～23。
〔註171〕李哲賢：《荀子之核心思想——「禮義之統」及其現代意義》，頁36～37。

　　在性論部份，本書就性惡至善僞部份：本文先就荀子以前性之意義加以討論，其內容包含：（一）以生言性：這是性之原義及其最廣義，其中包含自然情欲、自然本能及能思之心。（二）以食色言性：指人之自然情欲及本能，這是中性的，告子即以此言性，故主性無善惡之說。（三）以心言性：指能思之心，孟子即以心言性，但並不否定「生之謂性」之前提，但認爲人性中有超越形軀之仁義禮智之心，並由心善以言性善。〔註172〕

　　荀子所言性之內容：本文認爲荀子之言性，亦以生之謂性爲前提，且含有二義：此即自然本能和自然情欲。除此之外，荀子復以人之心知形能爲性，亦即能思之心爲性，而自然本能及自然情欲均是中性，其所把握的心則爲認知心，功能在成就知識，就此而言亦是中性。

　　荀子性惡說部分：對於善惡之分言之，荀子所謂「善」指的是「正理平治」，惡指的是「偏險悖亂」，其對善惡之分乃取二分法，所謂性惡實指性之違反正理平治之要求者，亦即順自然情欲而不知節制所導致的悖禮犯義的結果。本文復對於性惡說之論證剖析甚詳，其論證基本上乃依據其對善惡之基本規定；故其所謂善惡乃指行爲之結果或目的言之，非就動機而言：本文認爲荀子性惡之主張非出於嚴密之論證，而是有其特殊的立場與背景，也就是說，荀子性惡說乃是針對現實中惡之事實而提出的，欲對治現實之惡，則爲客觀之禮義（即是善）。因此，本文強調荀子性惡說之提出，純是要實現並彰顯禮義之功能及效用而建立。〔註173〕

　　有關化性起僞部分，有關僞之意義，本文認爲荀子性惡說之主張，並非出於嚴密之論證，而是出於對「禮義之統」思想的深切信仰致之。而依人之性無法達於善，因善非人性之所具，而是出於僞，所謂「其善者僞也。」性之可化乃是善之消極條件，其積極條件則爲「僞」，荀子所謂「僞」乃是後天之人爲的意思，化性起僞部分，荀子認爲欲轉惡成善，須依據二條件，此即後天經驗之積學及外在環境之薰習；此乃荀子強調的「積」、「漸」、「靡」。積、靡之工夫須依據禮義爲之，荀子以僞化性，實即以禮義化性。〔註174〕

　　在心論部分，有關荀子論蔽理論無疑是一重點，所謂：「求者從所可，受乎心也。天性有欲，心爲之節制」（正名），荀子主張明心制性：「情然而

〔註172〕同前註，頁58～59。
〔註173〕李哲賢：《荀子之核心思想～「禮義之統」及其現代意義》，頁71～72。
〔註174〕同前註，頁73～74。

心為之擇，謂之慮。」荀子制欲非窒欲，主張欲要在合理情形下得到適度滿足。心術之公患就是蔽。心在「大清明」的情況下，所可必然中理，反之，心若有蔽塞時，所可便會失理。所以荀子把蔽塞視為心術的公患。本書作者提出荀子之解蔽篇思想與大學之正心可以比較一下，認為解蔽實在就是正心。〔註 175〕

有關如何解蔽部分：首先荀學認為應該兼陳萬物，多面觀察，仔細分析。另外須有個標準，並主張以「道」為標準，荀子之「道」是人為的，是聖人制作的，以道為標準就是禮治主義。荀子特別強調所謂大清明的境界：必須在「大清明」的情況下，才能有知道、守道、並有禁非道的功能。並以虛、壹、靜為大清明之原則。

就荀學心論部份：李氏指出，荀子以人之心知形能為性，亦即能思之心為性，而自然本能及自然情欲均是中性，其所把握的心則為認知心，功能在成就知識，就此而言亦是中性。在心論的核心部分無疑和荀子化性起為之說相關，荀子認為人之性無法達於善，因善非人性之所具，而是出於偽；所謂「偽」乃是後天之人為的意思。在由善至惡之通路方面：本文分析指出，「偽」之根源是「心」，「心」才是由善向惡之通路，心是「可以行仁義法正之質」，荀子以為人生之主宰在心；但此心為認知心，其主要表現在於成就知識，但對於道德而言並無保證，欲成善，仍須以「道」為依據，才能保證心知之正確性，這又必須依靠虛壹而靜之大清明狀態。〔註 176〕

三十二、蔡錦昌：《拿捏分寸的思考：荀子與古代思想新論》〔註 177〕

蔡錦昌指出，民國以來，研究荀子的學者莫不以西方思想格局為底子去重新解釋荀子的思想，牟宗三和唐君毅兩位先生是其中代表。前者將荀子的心說成認知心，後者則說成統類心或道心，但都脫離不了與西方知識論有關的格局，以致不能清楚而準確的掌握荀子心的真義，蔡氏論定荀子的心乃是一清明理智治亂心（明智心）。〔註 178〕蔡氏認為荀子不是說人之天生性情本身就惡，而是說依天生性情而不治理之，其後果是惡。因此，性惡與化性起偽

〔註 175〕同前註，頁 70。

〔註 176〕李哲賢：《荀子之核心思想──「禮義之統」及其現代意義》，頁 78～79。

〔註 177〕蔡錦昌：《拿捏分寸的思考：荀子與古代思想新論》（台北：唐山出版社，1996年）。

〔註 178〕蔡錦昌：《拿捏分寸的思考：荀子與古代思想新論》，頁 55。

並不相違背。化性起僞之方即是禮義之道。荀子之所以重視積學，並不是在於累積知識的重要性，因爲所學的既非知識，而是禮義，學的目的也不在建立理論，而是眞積力久則入，亦即學習善假於物的通理，光從這裡，就不可能說荀子的心是個認知心了，毋寧說是個明智心。蔡氏認爲，荀子一切的想法都很明智，而其宗旨在於治亂，其思考方式與老子甚近似，乃是陰陽往復之道中「借力使力」的「因而爲之」之法。荀子以爲人活在世界上最重要的是近善類、積善德、避邪僻、去汙穢，如此則物以類聚，福來禍去，不過所謂善，並非西洋思想所謂律則性、認定性之善，而是陰陽二氣善加調理之中和平正之善。但由於荀子致力於治亂，所以在積善求福方面顯得很理智，在平庸中顯高明，在堅實中顯博大。〔註179〕

　　針對牟宗三的看法，蔡氏指出，牟先生只能大略地說出他所理解的荀子在他理解之哲學世界的位置，而不能精準地說出荀子的心是什麼心，無論在實踐方面抑或是在心性方面，荀子都處於其哲學天地的邊陲模糊地帶。針對唐君毅將荀子的心說成統類心或道心，並歸結荀子解蔽篇言心之論的要旨爲重心之虛靜及能一，又說出「一方能專精於爲農、爲工、爲商，一方亦能使人專精於道」之錯誤，蔡氏指出，荀子明明說「不能此三技，而可治三官。」其意已明顯是：所精者非農工商之事，所壹者亦非就此農工商之事的多與異而綜攝統貫於一原則之謂，而只有西方思想格局是這樣設想一與多的關係。〔註180〕

三十三、楊秀宮：《孔孟荀禮法思想的演變與發展》〔註181〕

　　楊秀宮指出，荀子人性論的特點在於「性惡」的提出，此與其講究「辨合符驗」即將「禮」定位在客觀義的「理」上有關，荀子說「善」是從「結果」及人之有所作爲說起，這也使得荀子心性論朝著「知性主體」的方面發展；其論性，與告子看法較相似，但並不限於「食色」而已，荀子說的性一方面是指五官之不可學不可事而能見能聽，一方面是指心之能知。荀子又以情爲性之本質，認爲情必不能離開性自存，因爲性的好惡喜怒是情，因此情是從性而出，有性才說情，但廣義的說，人之性並不即是情而已，還有五官

〔註179〕蔡錦昌：《拿捏分寸的思考：荀子與古代思想新論》，頁83～85。
〔註180〕同前註，頁66～69。
〔註181〕楊秀宮：《孔孟荀禮法思想的演變與發展》（台北：文史哲出版社，2000年）。

本能、心之知能。楊氏指出，荀子論性，在內容上偏取本能義、欲望義和認知義，強調性之「不事而自然」，等於強調性的「缺乏」和「空白」，這就是荀子禮法思想產生的基礎論。〔註182〕

此外，楊氏認為，綜合《荀子》一書對性的界說，性並沒有善惡的內涵，但荀子卻說是「性惡」，或說荀子所謂「性」，是「自然之性」，並沒有善惡的價值成分，依其性惡之論證，楊氏指出，荀子從經驗檢測的立場，強調「辨合符驗」，駁孟子的性善說，轉而強調「性惡」的觀點。性惡說無疑是荀子為了彰顯禮義法度、外王事功而強調的，荀子對性的界說及對性為惡的舉證，只能指出「性」是朝惡而去，而不是指性為「本惡」，故荀子論性及性惡的意思只是性本身不是善及性可引生惡。〔註183〕

楊氏指出，荀子的心有知的天賦，但是此心本來質樸，故心具有認知的能力但沒有內容，心的內容是從心外攝取，或認知而得，楊氏認為當認知心認取對象時，需要五官徵知，是性的一部分，通常稱之為「認知心」，心與五官相較，「心」居中虛以治五官，表示心能主理五官，稱為天君。荀子認為「知」在於心，是不學而成，不事而然的。心生來具備的是認知的能力，心的內容，以後天的經驗為基礎，心與物對，雖能識雜多物象，但也可能造成弊端。所以荀子強調心的修為功能，必待心之「虛壹靜」，心之「大清明」，心才能知道，而後才能由非價值意義的、生而有知的「心性」義中超脫出來，成為有道德價值與意義者。此外，楊氏指出，荀子還討論了「心」能辨、能慮的特色，因為人依於「禮」而有辨，所以說「辨」是人之為人的特色。心的思慮則與「辨」相似，都需要有依準，思慮若依於識心，則思慮與選擇無所依止，如果知禮義，在禮義之中思慮，即是禮之中能思索的善「偽」。〔註184〕

除了心能知道、能辨、能慮之外，荀子還看重「心」知統類的能力，其觀點並不與其知禮義，知道之觀點相對立，所謂「知統類」，即是發現禮義發展中的的共理，統類是指把握一切事類的共理，或禮法制度的原理原則的能力。楊氏指出，心能知統類與心能知道都是心的能力，但是心的知統類較講究主體應變能力。在化性起偽的主張方面，荀子指出心是天官之

〔註182〕楊秀宮：《孔孟荀禮法思想的演變與發展》，頁41～45。
〔註183〕楊秀宮：《孔孟荀禮法思想的演變與發展》，頁46～49。
〔註184〕同前註，頁49～53。

一，把心定位在與性同然的位置，但是，心能知禮義、知道、能辨慮都充分表示了荀子論的心，雖是性的一環，但卻有其超凡入聖的質能，荀子據此而有「塗之人皆可以為禹」的說法，心生而有知是「性」，而知禮義、知道的「心」則是指「大清明之心」說的。此須具備「虛壹靜」的工夫，這樣的心與原來生而質樸的心「同體」但「異狀」了。因為大清明的心能防止情性順物欲而為惡，已經導化生而有知的心（性）為明智的心。在荀子的理論中，整個止惡為善的歷程可以稱之為「化性起偽」。在此，荀子提出「性偽合」的觀念，「善」需是「性」與「偽」互相滲透的情形才出現的，「性」合「偽」即是「性」合著「文理隆盛」，所以「善」的成就至少有三個要素：心性、偽、禮義，且須合著這三個要素才能有所謂善。「合」而成善的工夫則是在於積偽與學禮。〔註185〕

三十四、李哲賢：《荀子之名學析論》〔註186〕

　　本書內容旨在研究從孔子到荀子的名學傳承，第一章緒論部分提示本書研究動機、目的、方法及內容。第二章論述荀子名學之形成與依據，第二、三章進入本書主題為荀子之名學析論，乃本書之主幹；第五章針對荀子之名學在先秦思想史上之意義與定位予以綜合歸納。第六章為本書之結論。本書對於名學和西方邏輯之間的比較，有獨特的看法。本書將中外學者的相關研究成果予以分析詮釋，提出極具國際視野之新觀點，同時透過對於中國古代名學的定性分析和對西方邏輯學的理解和比較，釐清荀子名學之本質，由此確定荀子名學的評價和地位。本書透過思想史的方法，分析和闡明了荀子與孔子學說的傳承關係。〔註187〕

　　本書有關荀子心性論方面的分析見於第二章第一節荀子之思想性格中，有關荀子成德之進路的論述當中。在有關荀子成德之進路的分析中，針對荀子之性論，指出荀子所認定之天乃自然性質的天，性亦是就其自然義論述，荀子即以「天之就」來界定性，其言性，是以「生之謂性」為前提，此即性之自然義。〔註188〕

　　在性論部份，李氏認為荀子言性之內容，既包括自然情慾、自然本能及

〔註185〕楊秀宮：《孔孟荀禮法思想的演變與發展》，頁52～56。
〔註186〕李哲賢：《荀子之名學析論》（臺北：文津出版社，2005年）。
〔註187〕李哲賢：《荀子之名學析論》，頁28。
〔註188〕同前註，頁29。

能思之心；前二者是中性，無所謂善惡，荀子所把握之心乃認知心，其功能主要在成就知識，屬實然領域，因之荀子之人性論是「人性無善無惡」，人性是中性的。而荀子性惡論之引出，乃因荀子對善、惡之規定：正理平治爲善，偏險悖亂爲惡；性雖不是惡，卻是惡的根源，善並非人之性分中之所具，善之所由起，在於「化性」及出於「偽」。〔註189〕

在心論部分，李氏指出，荀子除了主張「人生而有欲」之外，尚言「人生而有知」，可見荀子亦以心爲性。綜而言之，荀子言性之內容，包括自然情慾、自然本能及能思之心。在荀子關於心的論述中，與荀子言性之內容有關，既荀子所謂性包括自然情慾、自然本能及能思之心；前二者是中性，無所謂善惡，荀子所把握之心乃認知心，其功能主要在成就知識，屬實然領域，善之所由起，在於「化性」及出於心之所能的「偽」。〔註190〕

第二節　荀子之心性論研究在台灣述要（二）

一、楊美瑳：《荀子性論研究》〔註191〕

荀子所持以論性之態度，是「不論聖人之所以生，而主觀論聖人之所能生。」聖人化性而起偽，偽起而生禮義，禮義生而制法度；禮義法度者，是聖人之所生也。因此荀子人性本論乃從善惡二面立論，善面以「偽」代之，惡面則爲人性之本眞。故曰：「人之性惡，其善者，偽也。」「不可學不可事之在天者謂之性，可學而能，而成之在人者謂之偽，是性偽之分也。」其談人性，或就人之本性言，或從妊肚言，或自節性言，或因比較言。

楊氏指出，就本性言，孟、荀對於「人性」一詞之概念不統一，結果孟荀之爭辯自不一致。孟子堅持「君子防性，仁義禮智根於心，」而荀子曰：「凡禮義者，是生於聖人之偽。」一指人之特性，一指人之本性。人性無論天性或特性，以其本身而論無所謂善惡，善惡發生於人性之作用。荀子善惡判斷之標準，是以國家治亂社會安危區分。荀子雖認人性屬惡，此乃從行爲結果上言。故主張性可以「化」。就化性言，乃人性之疏導也。化性方法。政治方

〔註189〕李哲賢：《荀子之名學析論》，頁31。
〔註190〕同前註，頁32。
〔註191〕楊美瑳：《荀子性論研究》（台北：中國文化大學中國文學研究所碩士論文，1973年）。

面，主張分職定分，信賞必罰。經濟方面，主張導慾、養慾。教育方面重視環境、師友與積習，主有恆與專一。化性材料，最重要者為禮、樂，此外，倘有詩書與春秋。勸學篇曰：「學惡乎始？惡乎終？曰，其數則始乎誦經，終乎讀禮，其義則始乎為士，終乎為聖人……故書者，政事之紀也，詩者，中聲之所正也……禮之敬文也，樂之中和也，詩書之博也，春秋之微也，在天地之間者畢矣。」化性之目標，在予性以知識、禮義與能力，知道行道，亦即知禮行禮也。

就節性言，以心治性，性無知能、無是非，唯求情慾本能之滿足，而心習禮義，對本性之諸要求，加以選擇，合理而可能者，採取行動，予以滿足，反是則予以禁止、壓制，即心可以節性。自比較言，荀子性惡篇中，數評孟子之性善，可見確是為孟子性善說而發。荀子與孟子同屬儒家，而論人性，其言所不同者，一則言：「人性善。」一則曰：「人性惡。」實則，二人所用名言雖相反，其義可相通，究其實際，求善之心同。性惡，或從人欲之惡證之，或從禮義之偽論證也。

楊氏復認為，由於性惡說未充分為後代所認識，故多所誤解。平心而論，荀子以人性屬自然產物，歸於「非善」，並無不當，然自「非善」認為「不善」，又名之為「惡」則蒙韓愈大醇小疵之評，亦屬公允。從教育觀點，自化性立場說明，氏之所以言「惡」，意在強調後天修為之「化」，說明「善」在於「偽」，則「惡」字自有其用意；故自「化性」立場言，氏之理論，尚可採取，而氏對化性方法之提示，既詳盡又可行，確屬一大貢獻。性之屬善屬惡，充其量就發展立場言，為可善可惡；如必趨於善或必入於惡尤不可能，唯有可善可惡，教化始有功用。

二、楊秀宮：《荀子心性論之研究》〔註192〕

楊秀宮指出，荀子論人性與其對天的看法有關，主要論點為生而自然，他所說的「性」，狹義說的性主要指性含情與欲而說的。荀子論人之性惡是從結果來看所以，從狹義處論性，性為惡，其真義則是天生而然的情、欲若不加節制則有惡的傾向。至於廣義說的性，還包括心之知在內。人生而有知，有此知的能力，亦是天生而然，是不可學不可事的。此知之根據在於心，所

〔註192〕楊秀宮：《荀子心性論之研究》（台中：私立東海大學哲學研究所碩士論文，1982年）。

以人生而有的心，包含在廣義說的性之內。但心之能致其虛壹靜、大清明的能力方面，是潛存於人之心中，也可以說是潛存於人廣義的性之中，楊氏指出，荀子肯定人生而有辨，即塗之人皆可以爲禹，就是據此立論的。能辨，能慮以至於能知「道」的主觀依據，是人生而有心，但心雖有知的能力，卻生來質樸，不具備仁、義、禮、智等內容，所以心並不能自足的成就「善」和「德」，因此能辨和能慮是以禮爲條件的，心知禮義和心知道在荀子的系統中是可以互解的，因爲荀子論「道」是爲人之道。楊氏認爲，心既屬於廣義的性中，荀子透過心之虛壹靜的修養，以成大清明，論心可以知道。

　　此外，楊氏也指出，在荀學中，人心從「生」而論，是人皆同然，但是經過後天之發展，聖人與眾人有了分別，主要分別在於聖人能知通統類；心之能辨，能慮與知「道」，不能外於禮的作用，這是荀子定義心、性之後，強調的部份，由於荀子看重人之所道的「人道」，所以禮的主要意義就是禮義法度，古聖王以人之性惡，故起禮義、制法度，用以矯飾人之情性。荀子稱聖人制禮義法度是出於「僞」，不是出於人生而有的「性」，「僞」在荀子的理論中，有「作爲」的意思，且專就善而言，無僞，則性不能自美，荀子分別了性和僞的概念，但把重點放在「性僞合」上，因爲心之本能在於知，當其由知而轉化爲「智」時，荀子稱爲「化」，在心性論題上則爲「化性」。「化性」意義與「性僞合」之意是一致的。楊氏對於荀子「性僞合」的理念，提出三義，一是從政治社會之教化論之，由「起僞」而「化性」；二是從個人積學論之，由「化性」而「起僞」；三則從心相對於性的修爲過程，以「化性」即「起僞」。楊氏又指出，荀子所論述，關於問學、修身、辯說及治理國家之道等等，都屬於「化性起僞」的論題，荀子是從心、性之論說爲基礎，開展出他的社會、政治思想。所以「化性起僞」和「性僞合」的論點同，是荀子心性論的主旨，其表現則是多方面的，從個人之修身，到天下之正理平治，皆不外是「化性起僞」和「性僞合」的開展。

三、戴志村：《荀子性惡論新詮》 〔註193〕

　　戴氏在本論文中針對荀子思想中的「性惡」，透過一套人學的架構來釐清其眞正的意義，並提供一個理解荀子思想的新視野；爲了釐清「性惡」這項

〔註193〕戴志村：《荀子性惡論新詮》（台北：國立政治大學哲學研究所碩士論文，1998年）。

主張的意義，戴氏以人學角度討論「性是什麼？」、「爲何性惡？」、「如何成善？」等問題，按照荀子的講法，性的主要意義是：與生俱來或自然而然的，荀子認爲，仁義道德並非與生俱來的，而是後天養成與人爲造作的，戴氏又指出，既然性是與生俱來，就無所謂「善、惡」可言，爲何荀子偏偏主張「性惡」呢？所以戴氏認爲，必須區分荀子對於「善、惡」概念與「善、不善」概念的用法，我們通常所謂「善、惡」，在荀子是以「善、不善」來表示，這是以道德規範作爲衡量的標準；所以荀子之所謂「善、惡」，戴氏認爲比較接近「道德」與「非道德」之概念，主要用來區分價值領域與事實領域。故戴氏認爲荀子「性惡善僞」之主張中，「人之自然」（性）是不具有道德意義的，不足以作爲價值根據的，人文價值的領域是由人類後天的努力所開啓的。

　　戴氏指出，學者們對於性惡的解釋不盡相同，但是都將焦點集中在「性」和「惡」的關係上，試圖解決自然之性與性惡之間的不一致，因而忽略了荀子使用「惡」這個概念的特殊意義，荀子在「性惡善僞」的主張中指出，人性是不完美的。它之所以是不完美的，是因爲它無禮義、不知禮義，亦即是非道德的；「性惡」這項主張，基本上是以「善僞」爲標準提出的；此外，有關心性的關係方面，戴氏認爲，荀子所謂「性」除了情欲之外，亦包括知與能，心亦是其內容之一，既然心亦是性，戴氏認爲「以心治性」說亦不符合荀子的意思；戴氏指出，將荀子所謂「性」視爲只是情欲的看法是不合荀子本意的，因此，所謂心是否也只是認知心，亦有問題，戴氏認爲，心與情欲是密切相關的，無論是心還是性，在荀子看來，都至少包含兩部份，那就是能力和欲望，荀子並不是將能力和欲望視爲兩層，分別稱之爲心和性，而是認爲心和性同時具備兩者，心根本就是性的一部份，所以，其性質當然與性一樣。

四、蘇嫈雰：《荀子「禮」學研究——以性、心、學爲基礎》〔註194〕

　　本篇論文的重心是放在以性、心、學爲基礎的架構下，去對荀子的「禮」學做一研究。首先，談到以「性」作爲荀子「禮」學思想的基礎而言：荀子所謂性，乃指生而完成的性質或行爲，所以說是「天之就」，「生之所以然」，「不事而自然」。生來即完具，完全無待於練習的，方謂之性。生而完成者謂之性；生而不論有萌芽與否，待習而後完成者，都是僞。蘇氏認爲，荀子的

〔註194〕蘇嫈雰：《荀子「禮」學研究—以性、心、學爲基礎》（台北：輔仁大學哲學研究所碩士論文，1999 年）。

「禮」學在以性、心、學為基礎的架構下，解決人的問題。荀子雖主張性惡，但他所言的「性惡」只意涵人順性而無節則流於惡，即只意涵人成惡易而成善難，並未直就人性之質而說它為惡，亦未否定人成善之可能；在性惡善偽的論證中，突顯道德實踐功夫的重要，即「偽」的重要。

在《性惡》篇中說：「故聖人之所以同於眾，其不異於眾者，性也；所以異而過眾者，偽也。」荀子在此指出了聖人與眾人的共通處與相異處，這正足以使眾人產生了可以攀爬到聖人的希望，而這種希望就是建立在共同立足點——人性上。且必須強調的是：性並非固著於惡，如果透過教育以及環境的配合，則「注錯」、「積靡」的結果，必將能達到更易性的趨向，而往正確的方向發展。

蘇氏指出，就「心」作為荀子「禮」學思想的基礎而言：荀子肯定「性」是本然存在的事實，荀子雖肯定性順是會是惡，但是，藉著心知之轉折，使之遷善，才是真正的重點所在。荀子思想中的心性關係，可以說是「以心治性」。不過，並不是直接以心治性，乃是通過禮義而治性。荀子他很強調人之所以為人的社會本質。但他認為，人的本質應該從人的社會倫理和「心知」方面去說明。社會倫理是其客觀方面，心知是其主觀方面，二者結合起來，就是人的社會本質。換句話說，人的社會倫理通過心知，轉化為人的內在本質，即內化為人的本質存在。蘇氏指出，荀子是以「心」來反溯性，心能知「道」，透過此知識的本心去學習道，轉而成為內在的判準。

蘇氏認為，心和禮義是認知關係，當客觀的社會規範經過認識，轉化為理性原則時，人的自然本性也就被改造了。這也就是人的社會化過程。最後，就「學」作為荀子「禮」學思想的基礎而言：「學」所要達到的目的就在於使人「化性起偽」而進於善，透過學習，可以使人從開始的日漸徙善遠罪而不自覺，到能引發人的主體能動性，主動地學習、思慮，最終便能夠達到人人不僅是「能群」的社會人，且是能「生禮義而起法度」的聖人，即所謂的道德人。這也就是荀子之所以主張「塗之人可以為禹」的理由所在。人既然是社會的動物，且人的生物本性的實現，是離不開社會的，所以，用社會規範來衡量其善惡的價值，是應然且必須的結果。故荀子的人性論是兼顧了人的兩種屬性——自然本性與社會屬性。荀子特別強調「人能群」，其關鍵在「能」。根本問題，是講人自覺地有意識、有目的地維護社會關係和群體生活。在維護社會關係和群體生活的社會屬性中，亦能適度的保有人的自然本性。

五、劉素香：《荀子禮論性論及其關係之研究》〔註195〕

劉素香指出，歷來的學者把性惡論當成荀子的學說中心，並因此對他持貶黜的態度，然至清代，清儒以較客觀的態度來看待荀子學說，對荀子所提的性惡論給予較客觀而同情的對待，也逐漸有學者注意到荀子的禮論，認為禮論的重要性不下於性惡論，學者認為禮論是荀子學說的中心，並認為性惡說並不是荀子的本意，性惡論只是荀子為完成禮治的思想而立的，是用來彰顯禮義的手段。

劉氏認為，荀子在對「性」的定義上，是經過客觀的觀察現實的狀態後，對「性」的的定義所做出的客觀分析，並依然秉持著天人相分的天道觀，將人之「性」定位於官能的反應，所以荀子所謂的「性」，其實是沒有善惡之分的。人性本是無善惡之分的，然而因人性中具有情與欲，若不加以節導，則容易流向惡。人之所以為善，乃是因為人之性中具有知與能的成份，這是人先天具有的能力，也因為人性中具有知與能，才能使性有節導的可能，也才能將性與偽加以結合以成善。這是人先天具有的能力，然而人天性中的情欲，若不加節導，則容易流於惡，所以要使人趨善，必須要接受禮義的化導才能成善。禮義乃是起於聖人「積思慮、習偽故」，並且人還必須「彊學而求有之」，經過後天的學習，才能成偽成善。

劉氏指出，荀子以禮以導人為善，此亦可由荀子對於善惡所下的定義看出。只要其最終行為的表現為正理平治，我們就稱之為善，反之，若其外在行為的表現為偏險悖亂，即稱之為惡。故人性本身的善惡並不重要，因為荀子是結果論者，善惡的判定是以外在的治亂為判定標準，而爭亂乃是起於欲不得求，故須以禮義以治，如此更可說明，必以外在客觀的禮義規範來引導心，使之能行為正確，以走向平治，如此也就能成善了。

劉氏以為，荀子基本上是依人外在的行為來判定善惡，人之成善成惡與性無關，荀子雖主張性惡，卻未完全抹煞人類的尊嚴，重要的是是否有禮義的引導。所以荀子的性惡論是由官能欲望的流弊方面來說明性，再由人的行為證明善與性並無不可離的關係，再以人之善行常與其自然的欲望相反以證性之惡。以客觀的禮義以治在外的行為，如此即突顯荀子重現實的性格。

根據劉氏的研究，可知荀子的禮論與性惡論，均是站在客觀重現實的觀

〔註195〕劉素香：《荀子禮論性論及其關係之研究》（高雄：國立中山大學中國語文學系研究所碩士論文，2002 年）。

點上所立之說,故雖歷來各有學者持不同的理由來說明性惡論與禮論的關係,應是建立在誰先誰後的垂直關係,但劉氏認為由荀子重現實的客觀精神之探討,發現其實荀子不僅在性惡論與禮論是以客觀性立論,荀子的學說,其實所有重要的觀點,均是由現實的角度出發,其目的就是要成就一個正理平治的社會。基於此種認識,我們可說,禮論與性惡論之間的關係,並不是先後的垂直關係,應是互為因果的水平關係,且荀子學說的基源問題,應是如何以客觀的方式成就一正理平治的社會。

荀子之所以言性惡論的目的,即是希望能以言人性之惡進而使人努力向學,並經由外在的禮義的化導,以化導性中之情慾,使人能致於善,則社會也就能回復秩序。荀子站在客觀的角度提出禮論與性惡論的主張,並由天論、禮論、性惡論、正名及其他論點來討論荀子重客觀重現實重理智分析的性格後,劉氏歸納出荀子是從客觀現實的立場來提倡禮論及性惡論,故禮論與性惡論的關係應非為之前學者所言誰為誰而立的垂直關係,應為均站在客觀角度上互相依存的水平關係。

六、劉乃華:《荀子道德思想之研究》〔註196〕

劉乃華在本論文中提出,荀子的思路,與儒家正宗的重仁系統不同,反而與西方重智系統相接近。荀子之學,雖然不是面對邏輯而以邏輯名數為主題,但荀子實具有邏輯名數之心靈。荀子用心的重點雖然不是落在知識性的問題上,但其基本精神與學術性格,則是主智的、經驗的。今日談中國文化的新開展,首要之事乃是要調整民族文化心靈的表現形態,以透顯知性主體,成立理解型態;而荀子正可以提供這樣一個思想的線索。他的心論、名論、與天論,都是展現了這個線索。因此,要在中國文化與儒家重仁的系統中,透顯知性的主體,開出知識之學,荀子的思路可說是一個值得正視與疏導的學說。

另外,劉氏認為荀子雅言知統類,一制度,明分使群,辨治群倫,對於「構成社會人群之法式」的禮憲,尤為重要,所以彰顯「禮義之統」的客觀精神表現,對於儒家而言可謂是一重大之貢獻,對當前國家之政治社會而言,也具有重大的意義。劉氏指出,荀子所把握的心是一認知心,其主要目的在於成就知識,乃是對於客觀事物之律則加以認識。因此,其所謂善與德是經由客觀的認

〔註196〕劉乃華:《荀子道德思想之研究》(嘉義:南華大學哲學研究所碩士論文,2002年)。

知，建立起實踐主觀價值的正確途徑，而非一個主觀的意願而言。所以荀子認為凡人都是欲其所欲，惡其所惡，人之不能成德，主要原因是人的無知所至。荀子認為人不能循理為善，主要在於無知。因此，在成德的過程中，荀子肯定知識與經驗的學習。且認為知識乃道德的基礎，有明確的知識才有合理的行為，即是「知明」才能達致「無過」。在儒家成德的工夫中另闢一路由「由智通德」之徑。荀子這種由經驗與知識的累積所成就的道德，是一種外鑠的合理行為，合於社會共許的規範，非本心體證的道德主體，因此，荀子這種成德的思路有其不足的限制。所謂道德，是必須經由本心之返求、逆覺之體證工夫，才能得之。而荀子這種經由知識與經驗的積累，無助於道德主體的肯認，無法建立起真正的道德良知。所以荀子的道德可謂是他律的道德，是一種德行而非德性，非真正的道德，因此，荀子成德的思路，呈顯出其有的限制。

　　劉氏也認為荀子經由知識、經驗的積累來成就道德，雖僅是指合理的行為，然而「由智通德」的成德方式，也有其有利的優勢。就道德的實踐與成德的工夫而言，道德實不能僅訴諸本心之存養，它必須有具體之內容，與具體之事實。在成德的過程中，知識對於道德的完成，實有其必要性。荀子談成德，不以訴諸個人之主觀道德意願，而是更重視知識、經驗的學習，這樣成德的工夫較為實際，也易使人有所遵循。

七、范家榮：《荀子論「心」之學的研究》〔註197〕

　　范氏認為，歷來學者多對荀子哲學中「禮論」與「性惡論」等問題多所著墨，但是對其論「心」的部份，或僅描述其能思、能知，而未能深入探究其核心價值的部份，甚為可惜。因此，范氏擬就《荀子論「心」之學》作一系統性的整理，用以釐清其哲學中的諸多疑點，例如：心與性的關連、心的價值歸向……等，並且冀由此一立足點，能用以正確的拓展與詮釋荀子哲學，及真切了解儒家對安身立命的切實要求與對生命價值深層體認，進而啟發作者對自我生命開展有更近一步的認識。

　　范氏探討荀子所身處的時代背景與其思想特色，再經由荀子對各家的批判中，導引出影響荀子論「心」之學最深的儒、道、墨三家。並紹述荀子以前的各種經典所歸結出有關「心」思想的演變脈絡，再加之以論述儒、道、

─────────────

〔註197〕范家榮：《荀子論「心」之學的研究》（台北：輔仁大學哲學研究所碩士論文，2005 年）

墨三家論心之思想，用來作爲荀子論「心」之學的思想源頭與前奏。

　　范氏討論荀子對於「心」與「性」的分判指出，依荀子之意，人性中有心；心生而有知，則知亦即是人心中之自然本能。「性」自然有能知之質，而此質具亦正是「心」，總此而言，「心」自是爲「性」也；就「心是性」義，范氏認爲，性之質含攝心，在荀子思中卻有所見。但須與「心非性」一義合觀，才能明其旨意；對於「心非性」義，范氏認爲荀子明言人性之中固無禮義，又說「心」是造就禮義的基底，此能出「義辨」之心自不能由性而出，亦即「心不是性」。此外，范氏亦由荀子對於「性」的定義來理解，因爲人性中的自然生理本能是荀子人性論的主體，所以有「心不是性」義，范氏總結指出，荀子言「性」或兼「心」、「情」而言，或指特定之「情性」而言，當視使用場合決之，因爲荀子所言之人性祇偏重由產生嗜欲的一方來說，因此，上述之能出義辨之「心」，則絕非人之本性了。〔註198〕

八、朱雅鈴：《荀子價值觀之研究》〔註199〕

　　朱雅鈴指出，荀子對於「人性」的剖析與瞭解，其實是相當的深入，絕不是一句「人之性惡」所能窺其全貌，更重要的是，荀子雖然主張「人之性惡，其善者僞也」此一議題，引發後人對於價值的根源與形成的疑慮，雖然視情欲爲人性的內涵，然並不忽略內涵中亦有可以知能仁義法正之質與具，以及人所特有之有義、有辨、能群、可化、所好等特質，而這些內涵與特質正是人的價值產生之根源所在，由此可見，荀子仍然一如孟子，也是藉著凸顯人之所以異於禽獸之處，以見人之所以可貴之特質，進而強調自我教化的必然性與重要性，換句話說，過去學者質疑荀子「化性起僞」的可行性，其實是多餘的，荀子的理念和路線，只是有異於孟子的仁心禮系而已。

　　朱氏指出，荀子認爲「人的特質是價值的根源」就和「足可以遍行天下」一樣，是無庸置疑的，是理所當然的，但是，荀子認爲那不是最重點之處，而孟子則認爲那是重點所在，所以，拼命地凸顯人性的高貴面，荀子認爲眞正的重點在於如何遍走天下，如何使人的特質發揮出來，落實於日常現實之中，以成聖人之名，天下之功，所以特別強調人的教化性，換句話說，荀子

〔註198〕范家榮：《荀子論「心」之學的研究》，頁56～60。
〔註199〕朱雅鈴：《荀子價值觀之研究》（嘉義：國立嘉義大學中國文學系碩士專班碩士論文，2005年）

並不希望人類自恃這些高貴面而沾沾自喜，相反的，其更強調君子小人其初的人性相同的，然而後來或為君子，或為小人，究其原因是在於後天的人為努力。換句話說，荀子在「人性可亂則離，離則弱，弱則不能勝物；故宮室不可得而居也，不可少頃舍禮義之謂也。能以事親謂之孝，能以事兄謂之弟，能以事上謂之順，能以使下謂之君。君者，善群也。群道當，則萬物皆得其宜，六畜皆得其長，群生皆得其命。」的前提下，不僅從根本上去保有大清明之心性，以作為一切價值的依據，同時，亦強調師法教學的必要性，強調注錯習俗的重要性，去從事「移志移質」的工作。

因此，就荀子的理路來說，所謂忠信敬讓這些道德範疇，不是與生具有的，而是「性偽合」然後才表現出來的，換句話說，荀子從「性偽合」講內外合一之道，從內外合一之道講價值的形成；主張性為內在主觀本有，如情欲知能等；偽為外在的客觀條件，如注錯習俗等，換句話說，當內在本有的天賦與外在的注錯習俗等接觸感應之後，價值觀因而產生，所以，我們可以明確的說，人之價值觀是來自人性的特質、後天的習染、自我的教化、禮義的權威等要件之交互作用。人性中本有的內涵及特質與外在的注錯習俗、師友教化等等接觸感應後，價值觀因而產生，更近一步說明，當內外和諧，內外通達，內外一致時，就能表現出「正理平治」，荀子稱之為「善」；當內外失調，內外矛盾，內外衝突之時，就會流於「偏險悖亂」，荀子稱之為惡。

由此可見，荀子之所謂「性惡」基本上是就價值的衝突、行為的偏差而言。在人的成長過程中，往往就是因為價值迷失、價值衝突而產生行為偏差，終導致人格分裂與社會的種種亂象，所以，荀子在省思當時的社會亂象，認為人的成長過程中就是因為價值迷失及價值衝突才會導致行為的偏差，進而形成社會的混亂，而價值迷失或惑於名實玄紐；或蔽於道之一隅；或困於世俗流行之論調；或亂於外界模糊之錯覺，究明原因，皆是個人後天的修養不足。

換句話說，荀子認為人之所以會產生價值迷失，其原因約略有三：第一是知識淺陋，人若知識淺陋就會不知是非善惡之所在，所以，陋是人生之大患，第二是知識誤謬，知識淺陋固然會不知是非善惡之所在，然而就算知識廣博而有所偏也會致使謬誤的產生，進而使是非判斷偏差，第三是思慮不清，人若受外物蒙蔽，致使思慮模糊亦會導致是非判斷之錯誤，其實，荀子所要

強調的是今日之所以是非不明，其根本原因乃是個人後天的修養不足，更進一步說，當後天修養不足的人彼此相接觸，群體互動關係頻仍後，價值衝突因而造成。

　　所以，要解除社會混亂，消除社會衝突，唯一之道就是內修大清明之心以及外立禮義之道，透過大清明之心來使知無所蔽，然後再透過外在的注錯習俗、師友之導、以及自我的教化，終而了解道之所在，進而消除個人的價值迷失。是以，唯有合內外之道才能建立價值規範，消解社會的亂象，建立正理平治、樂居和一之社會。循著這樣的理路，我們就可以發現，在人格的成長過程中，為什麼我們不能一如孟子的率性而行，當下呈顯德慧生命，相反的，當人與外物接觸之後，往往會造成是與非，偏與全，文與神，生與死等等的價值衝突，甚至產生行為的偏差？荀子明確地指出，人之所以造成價值的衝突，除了孟子所說的「沉溺於物欲」外，知識的淺陋、觀念的偏執、外界模糊的錯覺、世俗流行的論調、意識形態的造作等等，都是重要的原因。這些的因素錯綜複雜，根本不是仁心禮系所標榜「按照良知行事」、「問心無愧」、「盡其在我」就能圓滿解決，一如師長告訴我們「心靜自然涼」如此單純容易耳。

　　所以荀子指出，消融價值衝突之道，除了孟子所講免於「沉溺於物欲」之外，還要講思辨符驗，要講客觀途徑，要講現實效果，要講應變窮通。荀子從歷史演變痕跡的考察，認為春秋戰國之所以兵亂頻仍，基本上並不見得是因為當世人心險惡或人性好戰所造成的悲劇，而是因為整個人生舞臺的活絡，人與人之間的接觸機會劇增，國與國之間的往來關係密切，而人類現有的生活條件與政治制度都無法配合時代變遷的潮流，因而造成脫序的混亂與價值的迷失，在這樣的考察思辨下，使荀子走出孔孟本著逆覺體悟的心性世界，透過內聖外王而一貫之道的拓展下，推仁義禮法而一體之統的努力下，不僅可以建立正理平治，群居和一的社會秩序，而且可以完成萬物和諧並育並行的自然秩序，儒家「人文化成」的價值理想，才得以凸顯、開展。

　　根據此路線，荀子對於價值行為的界定，也就由自我人格的提煉，轉而為社會正義的發揚以及社會責任的擔當，所謂：「凡古今天下之所謂善者，正理平治也；所謂惡者，偏險悖亂也」，就不是根自於良心良知的主觀意願，而是就客觀的表現，客觀事實的存在，以作為道德的範疇，而此即荀子的精神所在。

　　既然荀子以禮義作爲道德的範疇與價值的判準，然而，在禮義之範疇中所展現的人格特質爲何？荀子在《勸學》篇中明白地指出，人要以實現完美的人格爲其終生的理想，而完美的人格就必須達到知明行修的境界，荀子認爲「全粹」才稱得上完美，內則「能定」，面對外物，能夠展現那種「權利不能傾也，群眾不能移也，天下不能蕩也」的胸襟；外則「能應」，處理外物，能夠展現那種「疏觀萬物而知其情，參稽治亂而通其度」的智慧。

　　很顯然的，荀子所標榜的完美人格，決不是那種自了自足的生命型態，一碰到現實社會的無常幻化，便感到心絀力挫，一轉而退藏於密，封閉自守，荀子強調，所謂完美的人格，不僅自己要有信心，有定見，不受外物的干擾困惑，而且要有足夠的智慧和能力，來應對外物的變化，以達到知明而行無過，隨心所欲而不逾矩，明參日月，大滿八極的境界，這樣的生命是積極而活潑，這樣的人生才是圓融與完滿。誠如牟宗三先生所說：「荀子通體是禮義，表現知性主體」，在客觀權威的規範，正義擔當的使命下，荀子本著「天生人成」的理念，堅定「人定勝天」的意志，認爲人類唯有懷著犧牲奉獻的職志，表現勇敢擔當的精神，才能積善成德，福厚人生，唐端正先生也說：「荀子要我們守的善道和德操，是個主客兼備的內外合一之道」，道德既不能封閉於內心世界，也不能自足於內心世界，換句話說，價值行爲不應只是個體自我人格的完成，而是必須完成建立正理平治、群居合一的社會，〈儒效〉所謂：「在本朝則美政，在下位則美俗」，表現出一個知識份子對於社會人群的關懷，正是荀子所標榜人生最高的價值理想；而〈榮辱〉所謂「窮則不隱，通則大明，身死而名彌白」，顯現荀子處於是非顛倒，價值混亂的時代，凸顯出高度積極進取的人道精神。

九、蕭振聲：《荀子的人性向善論》〔註200〕

　　蕭振聲以「人性」一詞的日常用法詮釋荀子的人性論，蕭氏認爲荀子的人性論屬於「人性向善論」，並透過對於傅佩榮先生的研究，整理出人性向善論的五個重點。以此爲線索，扼要地回顧一下荀子「人性向善論」的論證。蕭氏指出，荀子認爲人性有向善的潛能。荀子強調「可不可」與「能不能」，其用意正是把潛能「化」爲實能。由潛能化爲實能的過程，正好表示向善之

性只是本始材朴，還處於不完滿的狀態，它需要通過用力的學習，以期擴充和發展。這與人性向善論若合符節。荀子宣稱「無性則偽之無所加，無偽則性不能自美」，並且要通過「性偽合」才能成就聖人之名和一天下之功。可見向善的潛能和實能所要達成的目標，就是「善」。因此，在這個意思之下，蕭氏以為荀子所謂的人性也是一種傾向。荀子所謂的「善」則是指「正理平治」。並提出充分的理由證明「正理平治」已然蘊含或預設了人與人之間適當關係的實現。一國要做到正理平治，要首先進行辨和分，讓各種人際關係、社會關係之間的適當性得到合理的鋪排和規劃。如此，社會的秩序才能走上軌道，正理平治的理想方能實現。由此可見，若正理平治的理想已然實現，等於說各種人際關係的適當性亦已然實現。後者是前者的先行條件。因此，荀子的「善」，可以說預設或蘊含了人性向善論的「善」，最後蕭氏指出，本論文是在傅佩榮先生的研究基礎上建立荀子的人性向善論。蕭氏想要證明的是「荀子對人性的看法是『人性向善』」，而非「荀子對『人性』的看法是『人性向善』」。由於心、辨、義統統具有荀子對於「人性」所釐訂的本質，因此心、辨、義都屬於荀子所設想的人性。

但何以荀子的人性論屬於人性向善論呢？蕭氏認為所謂「人性向善」可以區分為兩個不同性質的表述：一，人性只是一些未實現的潛能，順著這些潛能可以做到善。二，人性雖有向善的潛能，也有向惡的潛能（本能），因此人性若要擴展至善，不可缺少我們的抉擇。蕭氏指出，荀子認為人有辨且有義，辨可以理解為一種辨別是非的判斷力，義則是道德意識。蕭氏預設人先天地擁有這些能力。這些能力，是最初的潛能；通過學習、積靡，這些潛能會提升或轉化為實能，而成就美善。荀子認為小人可以為善，而君子則能為善，正表示了君子盡心培養人性中向善的潛能，就可以「能為善」。由於君子順著人性本備的潛能而能實現「善」的結果，故符合「人性向善」的表述。另一方面，荀子認為，君子可以為小人，而不肯為小人。這「不肯」二字，反映了君子的自我要求和價值預設：君子認為他「應該」繼續為君子而不可作小人。或者有人說：這最多只能證明荀子認為「人」應該向善而不能證明「人性」應該向善。蕭氏認為這兩者是二而一的概念，不需細分亦不可細分。因為荀子另外也提到：人性是沒有禮義的，所以用力學習以求得到它們。人性也不知道禮義，所以思慮以求認識它們。人性求禮義，無非是為人的行為作好準備；而說君子不肯為小人，亦無非是說君子不使向善之性受蔽，故時

刻反省而已。因此，說人性求禮義，說「君子不肯為小人」一語，其基本信念仍是「人性應當向善」。

十、鍾曉彤：《荀子的人性論與理想社會研究》〔註201〕

　　本文的目的在證成荀子以心作為道德實踐的主體，並且成功的開展一條更容易實踐的道德理論。證成的方式是以荀子的人性論與理想社會的關係作為研究主體，探討荀子是否能從人性論中合理的建構理想社會，以實踐他的道德理想。鍾氏分別剖析荀子的人性論與理想社會的結構，並透過層層比較人性論與理想社會的關係，以證明荀子能以心知禮的方式，走出另一條不同於孟子的道德實踐之路。最後鍾氏指出道德內在性並非是完成道德實踐的唯一路徑，事實上，雖然荀子的心缺少當下自覺悟德的能力，但是卻具有自我主宰的主動力以及超越性的能力，所以鍾氏認為這足以建構不同於孟子的道德實踐理論。

　　最後鍾氏在結論中指出長久以來，我們習慣接受孟子以內在心性作為道德根源的說法，認為只有以內在道德為根源才能強而有力的支持道德實踐。但是實際上因為孟子提出道德因子本存在我們的心性之中，因此會使「道德實踐」之說變的太過容易，反而遇到難以落實的困難。雖然孟子堅持以內在心性作為道德根源有提高人價值的意義，然而若不能在現實世界中普遍的落實，豈不是失去學說的作用？所以荀子嘗試不同於孟子以內在心性作為道德根源的方式，以內外在區分性與理。相對於孟子的道德內在說，荀子的性有造惡的情欲之性與中立之心，心可經由對外在規範的學習提升智的程度，以避免受情欲影響而為惡。

　　雖然心不本具道德，但是卻可以禮作為判斷是非的標準，以實踐道德。如此可知，荀子同樣將心視為實踐道德的主體，以此建構與孟子不同的道德實踐體系。今日學者對荀子學說的質疑為荀子不從心性根源出發，由於心不能內在自主的生起道德，必須憑藉外在規範作為道德實踐的根據，如此造成道德不必然可以實踐的問題。鍾氏指出，雖然荀子的心缺少當下自覺悟德的能力，但是絕對具備自我主宰的主動能力，因此可以經過學習外在的禮，形成價值判斷的標準後，而充分的發揮自我主宰的能力以化性起偽。所以荀子

〔註201〕鍾曉彤：《荀子的人性論與理想社會研究》（台北：東吳大學哲學研究所碩士論文，2008年）。

的心也可作爲道德實踐的主體，只是他從外在的角度說明「道德」的根據、目的、來源，開啓與孟子不同的道德實踐之路。鍾氏剖析荀子的人性論與理想社會的結構。發現荀子有意與前人的思想作出區隔。例如荀子對天的看法，與荀子之前的儒家學者對天的看法不同，荀子認爲「天」沒有意志，與人也無絕對「生」的關係，荀子從分疏天人的關係，說明人性不本具道德。在此意義下，人性是自然的，即使情欲之性會造成客觀的惡，以及心有「能力」節化情欲以解決亂象，也是自然。但是，荀子認爲人天生不具有不經過任何外力因素就可以自覺反省而成善的能力，而順著情欲之性，在不經過任何外力干擾下，又必然造成外在的惡。因此，荀子從外在結果向內推知人性中的情欲之性是造成惡的根本原因，所以荀子提出「性惡」。然而荀子也發現人性中的心，正好能夠作爲成就道德的主體。所以荀子強調人心不具善惡，心只能透過學習的方法以節化情欲，改變因爲情欲所造成的惡。鍾氏發現荀子的心不只具有單純的認知能力，心還有透過不斷的學習以提升自我的「超越性」能力。

鍾氏指出，荀子所建構的社會體系完全被禮（包括樂、法）涵蓋，除非是身處深山的野人，否則只要生存在社群中就會必然受到外在規範的教化約束，所以荀子的心可以在知的過程中，確保道德實踐的可行性。荀子認爲只要能成就社會之善的就是「德」。這跟孟子的「道德」不一樣，因爲孟子認爲天生本性內藏道德因子，所以即使野人也有機會成爲聖人。但是對荀子來說，他所關心的限於「人的社會」，有利於社會即爲善，有害於社會的就是惡。回到荀子的思想，就荀子對「道德」的理解，因爲人心學習、遵守外在規範而使社會狀態達到和諧時，那麼荀子不但可以「心」作爲道德實踐的主體，也能確保「道德」的普遍性。

畢竟荀子指點了一條與孟子不同的成德之學，他告訴我們不一定要從內求道德根源才可成就道德，事實上外求一樣可實踐道德。也因爲荀子提供一條新的成德之路，所以開展中國成德之學的兩條不同徑路。鍾氏在論文中論證荀子能合理的從其人性論建構道德實踐之學，荀子不但把握實踐道德的客觀層面，不脫離現實社會，同時也不因爲重視現實效用而忽略道德價值。並且，荀子重視的不只是禮的規範性，他更重視人要學習師法所教導的禮義，透過持續不斷的學習將禮的價值內化在人心之中，當一舉一動都受到禮的外在性約束，與因爲內化所形成的內在約束力之下，如此才能實踐道德。

十一、陳禮彰：《荀子人性論及其實踐研究》〔註202〕

　　陳禮彰指出，宋明儒者爲回應佛學明心見性的挑戰，特別推崇孟子盡心知性的性善論，以致無暇理會而嚴重誤解荀子的性惡說。當代新儒家雖然對荀子化性起僞的思想內容已有精闢的析論，但是爲了回應唯物思想的挑戰，仍致力建構由存心養性所挺立的道德形上學，視注重客觀精神的禮義之統爲歧出，而忽略荀子所面對的時代課題及其用心。陳氏不擬將荀子學說視爲純粹客觀對象，冷靜地分析批判；而試著以同情的理解去感受其所以提出「性惡」的目的，與其中所蘊涵的勝義。

　　面對戰國末年禮壞樂崩的脫序現象，荀子試圖將儒學由強調一己內在的心性涵養，轉回兼顧生活世界的倫理實踐。由明分使群，使整體性的人類社會得以正理平治；由既法後王亦法先王，使連續性的歷史文化得以返本開新。在知類明統而守經通權的情況下，使恆常的道體得以落實在人倫日用而盡其變。

　　既爲了彰顯禮義於社會教化的意義，也爲了凸顯心性涵養工夫之不易，荀子不得不將可善可惡的自然本性與爭亂之惡聯結爲「性惡」，將善歸功努力不懈的後天人爲而言「善僞」。在天生人成的理論架構下，具有「知」、「能」作用而爲化性起僞主體依據的「心」，必須經由「虛壹而靜」的工夫涵養才能恢復其清明本性，解除由情欲與成見造成的蒙蔽，發揮其爲天君而自作主宰的功能。

　　在道德實踐方面，荀子一方面由理想性而說「塗之人皆可爲禹」，一方面清楚明白「可以而不能」的現實情況，所以將化性起僞分爲兩個層次。第一層次中，無論聖賢不肖皆需經由師法禮義的引導，而合理守分地調節情欲，以促使社會和諧。對於不知自覺反省的平民百姓，荀子認爲養成良好的道德習慣即已足夠。至於能夠反省自覺的聖人，荀子認爲更應進入第二層次，以致誠愼獨涵養心性，於徹底把握禮義的眞正精神後，稱情立文，重新檢討改善不合時宜的制度。

　　在君王施政方面，荀子既因社會安定而強調尊君，但在注重君德的背後實賦予其愛民安民的責任；也試圖說服並非聖王的中君，充分授權聖臣賢相，以求國家長治久安。在民生經濟方面，荀子既主張增加生產，以滿足人民生

〔註202〕陳禮彰：《荀子人性論及其實踐研究》（台北：台灣師範大學國文研究所博士論文，2008年）。

活需求；又主張善守本分，以防止流於爭奪。在國防軍事方面，既主張君王之修政壹民是國固兵強的根本，也兼談用兵之術以符合實際需求。

　　陳禮彰指出，荀子建構以知通統類爲思想基礎的人性論，既爲了彰顯禮義人倫教化的意義，也爲了凸顯心性涵養工夫之不易，不得不將可善可惡的自然本性與惡的傾向聯結爲「性惡」，若就「生之所以然」、「本始才朴」定義來看性，荀子所謂「性」應屬中性，即「性可以爲善，可以爲惡」；所以既可以藉禮義師法而化爲「善」，亦可能因無所節制而流於「惡」，陳氏以爲，眞正讓荀子決定將「性」與「惡」縮結在一起的原因，則是爲了扭轉「性善」論的流弊，以重振儒學。荀子學說之價值主體在於「心」，「聖人」乃是「塗之人」之「心」充分之彰顯，荀子學說中之「性惡」，只是做爲宣揚政治理念之工具手段，「禮」是教化與規範人群社會之始點與終點，而「聖人」之「心」「僞」，才是創建禮義法度之價值根源之主體所在。凡此在在顯示，荀子由外王涵養內聖的人性論是對儒學的批判性繼承與創造性發展，其兼顧現實與理想的特質及內涵，亦對現代頗具啓發意義與價值。

十二、薛智慧：《論荀子思想中的「性」與「心」》〔註203〕

　　薛智慧在本論文中指出，荀子的「性惡論」一方面是與客觀之禮義相對而顯之概念，另一方面，是對道家的反動。道家崇尚自然，絕聖棄智，反對人爲造作，其所謂「性」，不以仁義、情欲爲性，講求質樸的自性之性，主張一切順人之性，即可達到至善的境界。荀子以人文之僞破斥道家本性自然之說，強調人文化成的實用目的。荀子言心之作用，大抵可爲二，一爲認知義，另一爲主宰義。

　　薛氏認爲，在知慮方面，荀子發揮「心慮」的作用，形成對事物的正確認識。「知，人之性，可以知物之理」表示了人有認識事物的能力，同時客觀事物也可以被人認識。荀子談認知過程，就是「能知」的作用須反應在「所知」之物上。而在認知過程中的「能知」即是「心」，「所知」即是「道」。然而道是外在的，換言之，心不是「道」。故荀子所言之心只能說是「知理」之心，而非「存理」之心。主宰義的心方面，荀子認爲「耳目口鼻體心」各自掌管不同能力、範圍，不可互易。心與感官之間是主從關係，亦即心主宰、

〔註203〕薛智慧：《論荀子思想中的「性」與「心」》（嘉義：南華大學哲學研究所碩士論文，2009 年）。

統率著五官，心能對五官的活動作決定。然而，心不僅是形體的主宰，更是意識的主宰。心能夠自己決定是非，認知過程能夠自主地選擇，故心只「出令」而不「受令」。由此可見心有「自由意志」。但此「自由意志」，只能說是心可以自由地選擇，而不受任何禁制或限制。因此，荀子雖說心有意志的能力，卻只有在以道為依據下，才能表現自主自令決疑事理。心有主宰義，只是相對五官而言，心較五官能自主決定行為。

此外，薛氏以為荀子言心為認知心，依此認知作用提出了人心、道心與統類心，荀子言「人心」、「道心」之分，亦即「未得道」與「得道」之別。由此可見，荀子認為認知心任憑感性欲念的發展，將失去道德意識，破壞社會秩序，人心如此「危」，必須以「道心」來統率它。換言之，「道心」是描述心在知「道」時的狀態表現，是「禮義文理」、「仁義法正」的代表。荀子說的「道心」，是由外創造而來；並非如同孟子的「道德心」，內部所固有。荀子以「虛壹而靜」的修養工夫陪養清明心，就是「知通統類」的方法之一。此清明心對於萬物萬事各得其位，而通於度上，兼加以綜攝貫通。此中不只有一類事物，為人之所，而是人之所知之同時肯定各類事物，求知各類事物，而心為各類事物之知所輻輳，為一能知類兼能明統之統類心。

明白了心的作用後，心所作用的對象又是如何？荀書中能知之對象多樣而豐富，故心之認知對象可分為知物、知道此二部分。「物之理」之「物」，是世間萬物的總稱，是「心」所認知之對象。然而，荀子對「道」的重視遠超過純粹知識的探求。有關「道」的認知，約可分為「天道」與「人道」。荀子在〈議兵篇〉中說：「由其道則行，不由其道則廢。」可知，道是「治必由之」。「道」者，即是所由之意。順著「所由之意」，「道」大體上可分為兩大類，一是人類行為模式的善惡依據或條理，此即「人道」。

荀子言心與性之關係，一為能治者，一為被治者，亦即以心轉化性之趨向，成就道德。但心只有認知作用，不能保證認知的正確與否。荀子認為將「道」與「心」相合，以大清明的心解蔽與禁惑，形成正確的認知，才可至「善」。因此，荀子在《解蔽篇》中指出了十種不同的「蔽」：一、欲與惡之蔽。二、始與終之蔽。三、遠與近之蔽。四、博與淺之蔽。五、古與今之蔽。此五種蔽意謂著：1.欲與惡之蔽：欲惡指情欲的好惡而言，所欲、所惡一旦無節度，有所偏頗時就會失其正。2.始與終之蔽：始終指事物的開始與結束而言。專注於事物的結果或開始，無法了解事物的過程，這就是蔽。3.遠與近之蔽：

遠近指空間距離而言。假如捨近求遠，或者眼光短淺，就會被眼前之物蒙蔽。4.博與淺之蔽：博淺指知識見聞而言。博淺並非蔽，然而博則不知約，淺則孤陋寡聞，這些都是蔽。5.古與今之蔽：古今指時間而言。古今是中立的，不管是以古為是，以今為非，還是以今為是，以古為非，都是主觀判斷，易引起蔽塞。由此十「蔽」可知，「蔽」引起的原因主要是心的「偏失」。

　　薛氏最後總結，荀子之所以主張性惡論，只是為強調化性起偽的必要性與重要性而已，其真正的目的在於透過正名、解蔽、勸學、崇禮的功夫，以建構「由智成德」的道德哲學。荀子的「化性起偽」的主張，「性」與「偽」之別，將「天」與「人」的關係畫分開來。因此破除了人對天的迷信。在以心為知性主體的架構下，透過虛壹靜的修心工夫，以禮養欲，以樂導情，以學化道等後天的努力，上體道下化性。荀子承襲中國哲學重視「實踐」的傳統精神，因此能兼顧成智與成德。此外鑠之禮義法度正是荀子以認知心為進路，所開啟的一條由智成德的新路，故荀子的思想是值得我們去深究的。

十三、林耀麒：《荀子心性論之研究》〔註204〕

　　林耀麒主要探討的是荀子的「心」、「性」關係。這個題目可以算是已有定論，普遍的結論是：荀子採取性惡論的立場；學者所謂的「性惡論」，是本性、本根的意思，主張「惡」根源於人心。但是這樣的論點，林氏認為，會造成荀子部分說法產生矛盾：如「性質美而心辯知」，既說性惡，又說質美，這是很難解釋的；又或者荀子說禮三個層級，最下一層是「其下，復情以歸太一」，如果「情者性之質」，以性惡來看，情也應該是惡的，何以偽之中相當重要的「禮」，竟與「情」密不可分呢？

　　林氏指出，欲利是人行為的動機；知與慮兩者是人認識與避害的法寶；而心在人的形神中都具有領導者的地位。另外，荀子也提到了同時由外在的約束與內在的修養來修養人的心，如此才能使人不僅能自化，也能化人。由此可知荀子對於心的理論是全面的。他不僅交代了心的內在定義，也囑咐人平日要如何修習。但是即使如此，仍然有一些問題是沒有辦法解決的。心雖然是欲利，可是他沒有辦法分辨怎樣的利才是正利，必須要透過知與慮，但並不能保證知與慮的有效性與正確性，由此，就不能保證人的行為一定是合

〔註204〕林耀麒：《荀子心性論之研究》（台北：輔仁大學哲學研究所碩士論文，2009年）。

於正理平治，即荀子所說的善。

　　林氏認爲，在〈性惡〉篇中所謂的「性惡」，不是指一種本性的、天生的惡，而是一種發展後的惡。「性惡」、「僞善」是指一種由性而惡、由僞而善的過程。如果不照著「性惡爲後天發展說」的話，那麼就無法解釋爲什麼荀子會說「性質美而心辯知」，也無法解釋「有欲無欲生死也，非治亂也」，或者是「君子小人其性一也」。當然，也可以說這是荀子自相矛盾、是荀子的理論走不出去。說荀子矛盾的人，或許不是在解荀子，而是用荀子解釋他自己得出的理論。當荀子與他的理論發生不合的時候，他們想的不是修正自己的理論，而是很輕鬆自然的說：「荀子搞錯了」。林氏認爲荀子並不認爲性有惡端或善端，但如果順性發展則可能導致惡的結果；「僞來自於人之中或人之外」——僞來自於性的累積，故源於人之中；「性僞二者的關係」——僞來自於性，但根據僞而發展出的禮樂則不能直接等同於來自於性；「最初的聖人」——透過人性而積思慮習僞，則人便有成爲聖人的可能。

　　林氏最後指出，荀子從「蔽」的禍害到「心」如何解蔽，做一完整的論述。他認爲吾人應以「治心之道」養心，依靠心的能力以解除蔽端，往聖人的方向努力。荀子之「性惡」，言人性有一自然發展方向，若順著這個方向發展而不加限制、矯正，則結果便成爲「惡」；但不能說「性」本身就是「惡」的，「性」雖然會自然地走向「惡」，但這只是發展中的一種可能性，而非必然走向「惡」。而當人有「心」、「知」成爲自覺根源，就會變成孔子所言的「習相遠」。依此自覺根源發展下去，聖人可制定禮樂、教化萬民，即使百姓也有「塗之人可以爲禹」的可能性，因爲荀子加入了「心知慮」此一自覺根源。荀子在〈性惡〉中評孟子不懂性僞之分，是因爲荀子認爲必須分辨清楚自然的走向與人自覺的走向之不同：性雖然順著發展會變成「惡」，然而如果人有自覺，以「心」行「知」、「慮」，再配合「僞」而能往好的方向發展。這正是荀子從〈正名〉、〈性惡〉到〈解蔽〉的心性之論。

十四、吳元鴻：〈荀子性惡說之勝義——「人可善可惡論」〉〔註205〕

　　吳元鴻在論文中指出，荀子應是說「人可善可惡」，而非「性可善可惡」，此蓋由於荀子所謂之「善」、「惡」，係扣緊經驗層面上人之行爲是否合乎客

〔註205〕吳元鴻：〈荀子性惡說之勝義——「人可善可惡論」〉，《臺東師院學報》第 4
　　　　期（1992 年 6 月），頁 81～102。

觀之禮義而言，其所謂之性，本質上應是「無善無不善」之中性存在；固荀子「化性起僞」之重點，在於人應認知禮義，並依據禮義以矯飾、節制、化導人之生理欲求，使人不致因放縱而有不合理禮義的行爲，荀子所謂之善惡既由客觀行爲結果言，心知虛壹靜工夫以及認知禮義，亦是後天人爲努力的結果，故其謂「人可善可惡」而非「性可善可惡」，其理甚明。性惡之人，所以能有「人爲之善」，即由於「知能仁義法正之質具」及有義有辨乃人之性所具；吳氏並認爲勞思光未善解荀學，而有「理在心之外」、「不合理之空心」之批判，實則「人爲之善」根源於實踐義之主體，即大清明之心也。

十五、潘小慧：〈荀子的「解蔽心」──荀學作爲道德實踐論的人之哲學理解〉〔註206〕

潘小慧指出，荀子在道德實踐論上，與孟子採取不同進路，孟子即心言性、主「性善」，荀子即生言性、對心言性，主「性惡」；荀子在道德實踐上，並不重視「性」，並不將性視爲人之所以異於禽獸者，人之哲學理解的關鍵在於「心」，心的主要意義爲「認知義」和「自主義」，可合而爲一更豐富之「解蔽心」。潘氏指出，解蔽心和性的關係，即在於以心治性、化性起僞，解蔽心之所以能如此，乃因解蔽心具「虛」、「壹」、「靜」三大功能，爲一大清明之心，即可以「道」作爲認知對象，並以達於「道」作爲認知的最終目的。道的實質是禮義，爲道德實踐的客觀、外在、具權威性的判準，並顯示荀學中，道德實踐必須以道德知識論爲基礎。解蔽心實與「性」有別且爲治性之心，同時兼含認知與自主，但「道」高於解蔽心之上，其根源是聖人積思慮、習僞故之創制。潘氏提出問題，質疑創制「道」的第一個聖人如何可能？荀子並未予以回答或解決，也就形成荀學根源性之難題。

此外，潘氏指出，荀子的知識論應屬「道德知識論」，對荀子而言，道德實踐建立於道德知識論的基礎上，先決條件是「知道」，道是衡、是判準，具客觀性、權威性及規範性，然後給予價值判斷，合於道即好、即善，不合於道即壞、即惡；這是由知到行的進程，也是道德實踐的完成，依荀子，道德實踐必仰賴「知」，即自我意識到如此行之應當、合宜、非如此行不可，道德

〔註206〕潘小慧：〈荀子的「解蔽心」──荀學作爲道德實踐論的人之哲學理解〉，《哲學與文化》第二十五卷第六期（1998 年 6 月），頁 516～536。

實踐不是做了便是，必須深切體認到行為本身的合道、合理、合宜性，因此，潘氏指出，荀子的道德實踐論可說是帶有主智論色彩的。

十六、杜保瑞：〈荀子的性論與天論〉〔註207〕

杜保瑞企圖釐清荀子的人性理論與天道論觀念，其理論內涵及彼此關係，以及探究荀子性惡論思想成立的可能性，並為儒學在人性論與天道論發展脈絡中一個重要的理論型態作義理定位。杜氏指出，荀子人性論主張之性惡觀，實是就人性現象的直接觀察所得，作為歸納論證的結論，其實不能成立。並且，荀子主張聖人制禮義以治亂，則聖人制禮義之人性何在？荀子說這就是聖人積漸努力的結果，也是聖人與常人不同的地方，至於聖人之性亦仍與常人相同。然而聖人又如何制禮義呢？這就是依據大清明心，大清明心又只是一理性冷靜的思維知能，亦非價值義的主宰心。那麼聖人之制禮義還會不會有來自天道的意志或普遍原理的依據呢？這就要訴諸荀子特出的天論思維，結果，荀子的天論一致性地同於人性主體的大清明心，依然是一個定常有則的理性秩序而已，亦並非有道德目的性，故而是一自然無目的性的天道觀，天人各司其職，因此荀子的天道觀不能作為聖人制禮義的依據及保證，當然也不會是推出性惡論的理由，天論與人性論劃分兩橛。就此而言，自然義的天論應該推出自然義的人性論，但荀子一定要講性惡論，這就顯示他的思路是一重視禮法的心理背景下做出的過於主觀的論斷了。

荀子的天論不能保證其性惡說的人性論，同樣地也不提出目的論，也沒有意志性。這與孟子的天道論與性善論合義，及《中庸》的「誠者天之道」，與《易傳》的「天地之大德曰生」之諸多先秦儒家的形上命題之結論者皆不類也。聖人之出現只為追求理想的社會秩序，社會秩序的維護只為百姓的福祉，百姓的福祉由人類自己要求，自己追求，自己滿足，不需要更高級的存有者以為保證，或提供一個合道德目的性的整體存在界以為場域。荀子的人文宣言，可謂極端的人本主義了。如果其他儒學體系也是人本主義，那麼荀子與其差別就在，一為道德心內在主宰的人本主義，一為禮義制度外在約束的人本主義。

〔註207〕杜保瑞：〈荀子的性論與天論〉，《哲學與文化》第三十四卷第十期（2007 年10 月），頁 45～63。

荀子之天既然不與人發生任何的感性關係，則天只能是以人的冷靜的理智來觀照它的常道，於是天的意義便只能出現自然的常道特徵而已，人不把任何的主觀心情放在天道的內涵之中，則正好破除人類的一切迷信。但是也就因此，天與禮義的關係也斷絕了，前文中所述，或由荀子之天論可以找到人的道德價值判斷來源的思考，至此中斷，荀子在價值的問題上仍然走在他自己一致的理論脈絡中，人類不是因為本有什麼道德理性而為禮義，只是因為現實的考量，因而由擁有最清明頭腦的聖人，來制定禮義，以為眾人所遵守，以使天下成為一個有秩序的社會，而人人能求其福祉於此社會之中，人的福祉是禮義的目標，是禮義的要求來源，所以從價值論上，荀子可以說是客觀的功利主義者，一個價值問題的人本主義與社會問題的功利主義的結合，構成了荀子以「禮義」為儒家內聖外王事業中的第一優位序列的理論型態。

本文所論乃僅就荀子形上學與人性論交涉的部份做探討，荀學重要的面向並不只此而已。僅就道德主體性的來源問題，荀子的理路不同於其他學者，荀子似為破除迷信而解消儒家傳統的天的德性義，又為推出禮義，而排斥孟學一系的性善論。然而，荀子之說仍自成一格，其為儒學之一特殊型態之學，仍極可觀。

十七、林啓屏：〈荀子思想中的「身體觀」與「知行觀」〉 〔註208〕

林啓屏先生認為，荀子本應具有高度的歷史優勢，可以成為歷代儒家所景仰的人物。然而，緣於「人性」觀點的路線差異，荀子反而成為歷史上被批判得最嚴厲的儒者。不過，我認為率爾以「心性」之軸線，作為荀子「見道與否」的判斷，有時是簡化了「概念」在學者思想系統中的複雜性。也就是說，荀子的思想在過去兩千年來，不斷地被簡化為與孟子「性善」觀點的對立面，並不見得是一件公平的事。當然，以上的說明並不意味著孟荀思想的差異性，就應該被忽略。

相反地，孟荀在理論上所表現的差異，正提供我們理解儒學思想內涵的一個重要視角。本文的討論，將集中在「身體」與「知行」問題的分析，以

〔註208〕林啓屏：〈荀子思想中的「身體觀」與「知行觀」〉，《中華文化的傳承與拓新——經學的流衍與應用國際學術研討會論文集》（台北：銘傳大學應用中文系，2009 年），頁 125～143。

釐清荀子思想的特色。

　　歷代以來的儒者對於荀子的評價，常常是貶多於褒。究其原因，除了荀子學生如韓非、李斯之流的法家人物影響之外，其於「人性論」的立場與孟子主張的差異，恐爲最大原因。但是，荀子的人性論立場，是否眞如許多評論者所謂的歧出呢？其中不無討論空間。事實上，荀子的確對於儒學根源的討論不夠深入。然而，荀子念茲在茲的是價值意識的客觀化問題。因此，對於「內省」一途的工夫，的確非荀子所擅長及樂爲之。可是，若我們從荀子對於「身體」的積極認同，「感官」的進一步解蔽，都可以看到荀子正面面對此一被視爲行道障礙的「身體」。此種立場與精神，並非站在一個自然形軀的自我滿足而已。而是在「養」之外，提高「別」的致道功能。

　　林氏認爲荀子的「身體」尚有社會群體的面向。是以，當我們以「身」致「道」時，「身／心」或許是過程中的一個階段重點，但「己／群」的諧和境界才是人們「修身」的最終目的。更進一步說，這個目的的完成，並非人間世界的安頓而已，其效果甚至有形上學之效果。至於荀子的「知行」觀點，更是在前述的「身體」觀之中，落實爲一「實踐」的論域，承載著荀子思想的經驗性格，使荀子的觀點不至於偏重於「內省」，從而具有「外向」的客觀致道之可能。因爲，荀子既以身體爲致道的不二之途，則感官對外的一切關係，包括接收與活動的能力，如「知」與「行」等，均將受到其「身體」觀點之影響。而且，又由於荀子的「致道」並非是單獨個人的修身安己，更重要的是「安人」目標的達成。職是之故，荀子的「身體觀」與「知行觀」便在「外王」的方向下，同時共構一幅理想的「聖人」形象出來。

十八、周天令：〈「荀子是儒學的歧出」之商榷〉[註209]

　　周氏指出，荀子雖然認爲人之與生具有好利、疾惡、聲色等「情欲」，把「情欲」視爲人之本性，然荀子也說：

> 今使塗之人者，以其可以知之質，可以能之具，本乎仁義法正之可
>
> 知可能之理，然則，其可以爲禹明矣。[註210]

這已明確地指出，人人都具有認知仁義法正的「本質」，具有實踐仁義法正的

〔註209〕周天令：〈「荀子是儒學的歧出」隻商榷〉，《孔孟月刊》第 42 卷第 10 期（2004
　　　　年 6 月）頁 31～38。

〔註210〕《荀子・性惡》

「能力」，事實上就是孟子所謂「舜何人也？予何人也？有爲者亦若是」〔註211〕的進一步詮釋。但荀子也批評孟子所謂性善論不符事實徵驗，最主要的應是荀子認爲天生具有的善性並不足爲恃，所以說「無僞則性不能自美」，人性儘管有別於獸性，還是要經過師法教化的努力，才能眞正體現仁義禮智之行爲，否則，雖有善性，仍不免流於偏險悖亂；周氏指出，荀子認爲人禽之辨，君子小人之別，並不在於人之先天具有性質美而心辨知，而是在於如何透過後天的學習和努力。周氏綜合指出，荀子之所以言性惡，是以「情欲」詮釋「本性」的內涵，以強調人性教化的重要性。

周天令指出，孟子和荀子皆各得孔子之一體而加以發揚光大，荀子學說近於孔子學說，後人無需因後起的荀子與孟子理路有所不同，遂視荀子思想爲先秦儒學的歧出；荀子最引人爭議的人性論部份，綜觀荀子一書，也無法證明荀子之人性論即是性本惡論；職此之故，荀子的思想既無違於孔子學說，自不宜斷然判爲儒學的歧途，荀子學說之所以博大精深，實因處於戰國末期，爲因應政治時代的需求，各家思想產生合流的必然現象，也是儒學思想不得不轉型的時代特色。

十九、翁惠美：〈荀子學說對於「人生價值」的探索〉〔註212〕

翁氏指出，荀子以爲吾人之所以能志意修潔，德行純厚，知慮通明，其關鍵則在於人心具備知曉禮義的能力，此心並可主宰統領人身，使人積善不息；荀子以爲，人心在人身中，居於主宰、統御的地位，人心又具備認知的能力，因此即使是市塗中人，只要虛心向學，假以時日，便可通於神明，參於天地。就荀子思想而言，人若能專心爲學，並且積善不息，便可稱之爲君子。君子之人敬愼「其在己者」，而期不慕「其在天者」，而志意修潔，德性純厚，知慮通明，生於今世而至於古道，便是荀子所謂的「其在我者」。

此外，翁氏指出，荀子以爲經由積善成德的方式而成爲一個聖人，是每位世人都可能達成的目標，且荀子以爲志意修潔，德行純厚，知慮純明是吾人所能擁有的「義榮」，而吾人之所以能夠擁有此類「義榮」，其關鍵則在於荀子主張凡人天生皆具備學得仁義法正的資質，人人皆可以成爲堯

〔註211〕《孟子・滕文公上》

〔註212〕翁惠美：〈荀子學說對於「人生價值」的探尋〉，《孔孟月刊》41卷第1期（2002年9月），頁1～6。

舜般的聖人。最後，翁氏指出，吾人在論述孟荀學說時，倘若忽略二人都是儒家重要代表者的前提，僅就孟荀學說之異處申述發揮，其間可能造成很多的疏失。

二十、陳德和：〈荀子性惡論之意義及其價值〉〔註213〕

陳德和認為，荀子是從生物共有的天賦本能以及未經任何改造前的自然徵象來說性，並以其倫理主義的觀點，特別強調情、欲和性的同質關係，以建立其性惡論，荀子事實上就是從生物所共有的自然情欲來了解人性，荀子這種「從生說性」的立場，和告子相略似，但荀子把能治的天君剔除在人性範圍之外，天生對荀子而言只是必要條件而已，而非充要條件。其次，陳氏認為，天賦的自然情欲本沒有善惡可言，荀子卻主張性是惡的，此實導源於荀子認為唯有合乎禮義的行為才能實現善而保證社會之安定合諧，所以善惡的最高標準是禮義，「惡」在荀子的系統中，應該了解為「善的缺乏」，荀子性惡論的積極價值，則包括確立天生人成、化性起偽的道德教化意義，以及反擊老莊，捍衛儒學人文化成的道德理想。

陳氏指出，荀子之「性惡論」主張人人天性平等，不分貧富貴賤、賢與不肖，每個人都是天賦平等，都具有相同的本能欲望及情感傾向，之所以會形成不同的品德操守與成就高低，完全是自己自為主體性的抉擇所導致；其次是其「性惡論」強調後天人為努力與持之以恆的重要，此強調「化性起偽」是荀子人性學說中最有價值的觀點，上述兩點與「性善論」的立論有異曲同工之妙，同樣彰顯歷久彌新的時代光輝。

二十一、黃秀仍、羅娓淑：〈荀子〈性惡篇〉探析〉〔註214〕

黃、羅二氏認為，「性」是天生的，人有與動物相同的「動物性」，亦有異於禽獸之「四端之心」。「動物性」是動物生理之本性，如：「口目之欲」、「飢而欲飽」、「寒而欲煖」、「勞而欲休」等；「四端之心」是屬於人類所特有之「特性」。「口目之欲」、「飢而欲飽」、「寒而欲煖」、「勞而欲休」這些動物性，是一種維生的本性，無關乎「善」「惡」價值，應屬中性。但是，荀子之論理是

〔註213〕陳德和：〈荀子性惡論之意義及其價值〉，《鵝湖月刊社》20 卷 3 期（1994 年 9 月），頁 19～27。
〔註214〕黃秀仍、羅娓淑：〈荀子〈性惡篇〉探析〉，《遠東通識學報》第四卷第二期（2010 年 7 月），頁 11～22。

在「社會結構」的立場下來論述的，荀子認為有助於社會結構正面發展的就是「善」，不利社會結構發展的就是「惡」，因此，他將「口目之欲」、「飢而欲飽」、「寒而欲煖」、「勞而欲休」這些人類的本性，置之於社會當中，發現順著這些「性」發展下去，會使維繫社會的工具（禮、義）受到破壞，所以，荀子認為人的「性」是惡的。

荀子認為人性「惡」，「惡」的是「性」，亦是「情」（即為「情性」），亦是欲，荀子將「性、情、欲」視之為一體。既然人性惡，那麼，必然要有一套方法解決，使人有善，於是，荀子提出「化性起偽」的人為方式，所謂「化性起偽」就是將本性的惡加以改造，而興起人為的善。這種主張，無非強調後天學習以矯枉的重要性。黃、羅二氏又對《荀子・性惡篇》的內容加以解析，發現該篇論述有其不周延之處，然與其挑出不周延處來反駁「性惡說」，不如了解荀子是站在「社會」之立場來論述「善、惡」，並且將人置於「社會人」的角色來談論「性惡」的，我們可以進一步看重荀子「化性起偽」的積極意義。荀子強調後天「化性起偽」之學習功效，無非是很好的一種教育理論依據。

二十二、朱心怡：〈論戰國時期儒家心性之學的發展〉〔註215〕

朱心怡透過郭店楚簡〈性自命出〉與上博楚簡〈性情〉對性情的論述，說明了孔子所謂的「性相近」，就是指「性之初」。孔子言「性相近也，習相遠也」，重點不是在於「性」，而是在於「習」，亦即後天對於禮的學習。根據孔子的思想，成人之道就是持續不斷禮儀化的過程。〈性自命出〉承之，同樣側重「習相遠」，強調「禮」之為人道的重要。但是到了荀子，卻注意到了人情當中醜陋偏私的一面，這就是為何荀子會異於〈性自命出〉而發展出性惡說的主要原因。〈中庸〉以「性」為「天命」，也傳達出性善的立場。直到孟子始跳脫「天命」的侷限，直就本心談論仁義禮智之產生。於是「人」成為了道德的主體，性善說於焉成立。孟子的性善說，強調對「善端」的擴充，或可謂延續了孔子〈性自命出〉對於美情的提倡。荀子駁之，是因為荀子認為只要有任何人為的努力，都屬於「偽」，而非「性」。如《荀子・性惡》曰：「凡性者，天之就也，不可學，不可事。」因此，荀子重視的是後天的禮教，以禮節制情欲的部分。

〔註215〕朱心怡：〈論戰國時期儒家心性之學的發展〉，《成大中文學報》第十三期（2005 年 12 月），頁 1～30。

　　朱氏認為，荀子的性惡思想也與其天人思想有密切的關係，荀子否定西周以來天命道德之說，接受了道家的天人思想，以天為一自然的存在，無關人世的德行治亂。在此天人相分的觀念影響下，荀子所謂的人性當然不會是天命的下顯，更不可能是思想、道德之類的觀念型態，而只能是人的形體、感官機能和與之相聯繫的物質欲望。因此，荀子從「欲」言性，以人性為惡，主張必須透過禮義師法，才能化性起偽。

二十三、吳文璋：〈荀子論心和韓非子所蘊涵的心論之比較研究〉

〔註216〕

　　吳文璋指出，荀子論心在先秦是一個非常特殊而優秀的成果。他所論的心有以下的面相：1.認知心 2.認知心的辨知能力 3.認知心的主體性 4.認知心的創造性 5.認知心的道德主體性 6.知性道德主體的宗教性 7.知性道德主體的泉源是天德。荀子認為「認知心」是人類的本性，可以有智的表現，認知心的辨知能力，以心合於道，說合於心，辭合於說，則可以辨奸，認知心本身具有主體性，是自由意志的，自禁、自使，不但是人類形體的主宰，而且是道的主宰。

　　吳氏認為，認知心若能藉著修養功夫，則能虛一而靜，達到大清明的境界，若是個人能夠達到這種境界，則具有察知萬事萬物，和創造性的能力，除了創造性之外，荀子的認知心秉持儒家道德的理想主義之原則，具有道德的主體性，也就是說「認知心的道德主體性」所謂認知心的道德主體性，即是認知心在認知聖人之道後，認可「善」即是聖人之道，產生了一個結合體，是為「知性的道德主體」，認知心可以是知性的主體，認知天地宇宙之理，此是純粹的客觀之理，因此只有認知心，並不足以達成善的領域，也無法成為道德的主體，而必須是認知心和聖人之道交集之後，予以認可而產生的那一部份的「認知心的作用」，才足以構成「知性的道德主體」，這才是荀子哲學人文化成的根本關鍵。

二十四、劉振維：〈荀子「性惡」說芻議〉〔註217〕

〔註216〕吳文璋：〈荀子論心和韓非子所蘊涵的心論之比較研究〉，《成大宗教與文化學報》第八期（2007年8月），頁1～16。

〔註217〕劉振維：〈荀子「性惡」說芻議〉，《東華人文學報》第六期（2004年7月），頁57～92。

劉氏討論荀子論「性」的意義，確定其為人存活時必然具有的事實，且是以「欲」的形式展現，所以人之「性」是先天的。次論「性惡」意旨，荀子以人之「性」若任其發展，結果自然為「惡」，故「性惡」可稱為「人性是惡」，而非時人所稱之「人性本惡」。三論「性」何以可「化」？得出不是改變既有的人之性，而是不使人之性表現之欲求過度，故而荀子強調「起偽」。最後討論人何以有「化性起偽」的可能，關鍵在於荀子認定人心皆能透過「虛壹而靜」的工夫達到大清明的境界。如是理析，即能看出陷於孟子「性善」與荀子「性惡」之爭，在嚴格學術意義上並不具有輕重的地位。劉氏得到結論如下：

（一）荀子對於人之「性」的見解雖是事實義，但有特殊的看法，故單純地視其為「生而有」抑或是「以欲說性」，在荀子的學說系統中恐怕是無法詮通的。

（二）「性惡」是指人之「性」的發顯注定自然為惡，「注定」是指順遂「性」的自然發展加上欲求之物的有限之故，終會造成「偏險悖亂」之「惡」。

（三）人之「性」為「天之就」，乃不可學不可事者，與可學可事之「偽」相對；「偽」方造就人類的文理秩序。

（四）明白「性偽之分」，方能理解「化性」與「起偽」的關係，「性」之「化」並非改變人性本身，而是不使其發展至極致，「起偽」的功效亦即在此。

（五）人之所以能「化性起偽」，乃因人心有「知」、「慮」等能力，得以「權衡」事情的輕重。

（六）人心雖有「知」、「慮」等能力，但無法保證人必能成就出「正理平治」之「善」，欲使人之行為永保於「善」，唯有透過「虛壹而靜」以達「大清明」之境方能為之。

（七）聖人即是達到「大清明」之境的人，故其創造之禮義法度以及其自身，自是人們學習的對象，這便是荀子宣稱的「人之所以道也」。

綜上觀之，劉氏認為，荀子理論陳述乃是十分清晰與明確的，後人對之批評則顯得有些凌空之感，譬如說：「設若詰荀子云，人之生質中若無為善之可能，則雖有充分人工又焉能為善？」「荀子對性惡所舉出的論證，沒有一個是能完全站得住腳的。」或謂荀子思想「十分糊塗」，甚而斷言荀子為「儒學

之歧途」；諸此批評的關鍵，在於論者認定人之心性必須是具有德性價值意義的「善」，而且此「善」是本然內具於人之心性當中的，以之理解荀子哲學自然無法融釋。

劉氏多次強調，荀子所主張之「善」是「正理平治」，「惡」是「偏險悖亂」，著重的角度是社會秩序；又其所論之「禮」乃是一社會組織，強調秩序、階級以及相應的報酬與欲望的滿足並未包含德性價值的意義（其論仁義亦然），故與孟子道德人格挺立的論述完全不同。此外，文中猶涉及荀子「性惡」「爲何」「順是」？涉及「惡」的眞正來源問題。荀子「起僞」「薄願厚，惡願美……」之「願」，涉及現今強調之「自由意志」等問題。對之，若能作一深層闡釋，將是另番氣象，當可研之，或能爲傳統儒學提出理論創新的一個切入處。

至於荀子理論本身是否妥切，其對人之見解是否符應事實，乃爲另一層面的議題，不應將之混爲一談。荀子對於人之「性惡」的見解雖是事實，但有其特殊的看法，故單純地視其爲「生而有」抑或是「以欲說性」，在荀子的學說中恐無法詮通。「性惡」是指人之「性」的發顯注定自然爲惡，「注定」是指順逐「性」的自然發展，加上欲求之物的有限之故，終會造成「偏險悖亂」之「惡」。人之「性」爲「天之就」，乃不可學不可事者；與可學可事之「僞」相對。「僞」造就文理秩序。「化性」與「起僞」的關係，「性」之「化」並非改變人性本身，而是不使其發展至極致，「起僞」的功效亦即在此人之所以能「化性起僞」，乃因人心有「知」、「慮」等能力。惟有透過「虛壹而靜」已達到大清明之境，方能保證成就「正理平治」之善。聖人即是達到「大清明」之境的人，其創造之禮義法度，自是人們學習的對象。

二十五、唐端正：〈荀子言「心可以知道」釋疑〉 〔註218〕

唐端正指出，由於荀子主張性惡，而心有欲善好養之性，又能知道、可道、守道、以禁非道，似乎心是善的，心的善與性的惡，照理不能合而爲一，於是有人主張荀子是心性分途的，所謂心性分途，是將可以爲善的心，抽出於性之外，認爲心不是性，以爲這樣才能解消性惡心善的矛盾；但唐氏認爲，荀子的性不是惡，只是可以流爲惡，荀子的心也不是善，只是可以爲善；荀

〔註218〕唐端正：〈荀子言「心可以知道」釋疑〉，《新亞學報》第二十二期（2003 年12 月），頁 11～19。

子謂性是「生之所以然」、「不可學不可事而在天」、「性者，本始材朴也」都與他全書意旨相符。甚至說善是偽，都沒有問題。問題在於他說性惡。本始材樸的性，是可善可惡、非善非惡的。以性惡來反對孟子性善，是用詞過當。如果性不是惡，心不是善，兩者都是中性的，則不必說心性分途。

唐氏指出，心之好養欲善，有可以知仁義法正之質與具，難道不是生之所以然的嗎？心知既是生而有的，是生之所以然的，怎樣可以說心不是性呢？荀子說心可以知道，無異說性可以知道。唐氏以為，理順了荀子的思想，則說性可以知道，和說性未善，其善者偽也，是沒什麼矛盾的。只是不可將性未善說成性惡就是了。

二十六、王邦雄：〈論荀子的心性關係及其價值根源〉〔註219〕

荀子的人性觀，是自然人性的觀點，人性是無善無惡，可善可惡的，此一本始材樸，不事而自然的「性」，切近孔子所說的「文質彬彬，然後君子」（論語雍也篇）的「質」，質與文相對，本始材樸與文理隆盛亦相對，而文理隆盛可以化成本始材樸之美，正與以「文」化「質」，可以化成彬彬之美等同。人性既是事實義素樸義的自然，則人性是中性，與善惡不相干。荀子對人性的理解原則，既與告子持有相同的觀點，何以對人性的論斷，卻一主性惡說，一達性無善無不善之說。此可能是由於告子是道家性格，不必有群倫建制之故。而荀子是儒家，生命不能安放在自然天地，而要投入到依存的群體社會中。

從天生而有的性情慾求，是分析不出爭亂窮來的，性情慾求的自然人性，與爭亂窮的惡，不是分析的關係，而是綜合的關係，故惡不是本質的，而是發生的，這才是荀子說性惡而人性依舊可化的原因。

荀子「天」生而有的「性」之下，可分成兩面說：一是情、欲、求的性，一是心知能的性。情慾求的一面，是被治的，心知能的一面，是能治的。心可以知而不知，可以能而未能，可以生禮義而不生，可以有度量分界而未有，故爭亂窮的惡，當由能治的「心」擔負全責，而心是性，故性惡說亦可成立。心是天君，可明可暗，而天功的喪失與存全，端看天君是明是暗而定。天君一明，是為朗朗乾坤，天君一暗，則天昏地暗。明其天君，就是「虛壹而靜」

〔註219〕王邦雄：〈論荀子的心性關係及其價值根源〉，《鵝湖月刊》第一卷第一期（1975年 8 月），頁 25～31。

的大清明心。心是性，心之「虛壹而靜」的修養，就是化性，由化性而具備了認知的先在條件，才能由起偽而生禮義製法度，故理論上，化性在先，起偽在後。荀子的歧出，正是荀子的精采，心性天轉成道家的自然虛靜義，是荀子對道家思想的反抗。貶抑天地自然爲現象被治的自然，正是推尊禮義人文之道的價值。並推極人道爲天道，禮義之統遂成荀子禮義人文世界的價值根源。在天地草莽間，拓展人文世界的價值天地。或許由此一角度看荀子，較能看到荀子的大用心真生命的所在。

二十七、馮耀明：〈荀子人性論新詮：附〈榮辱〉篇 23 字衍之糾謬〉〔註220〕

因傳統的詮釋多以荀子主張性惡，馮耀明在本文中欲論證此一詮釋之不確，或至少不全面，馮氏在另一方面則依照荀子文本，欲建構一新的詮釋，從而論定他的人性論中實肯定有致善的積極因素；馮氏認爲荀子所言之第一義的偽，包含有「知」與「能」兩部分，是人所先天本有者，並爲致善成聖的內在因素。馮氏結論指出，從後世的觀點看，可知荀子所言之「性」與孟子所言之「性」實非同一概念；荀子主「性惡」只是依字面意義而立說，若深一層分析，可知其實非真以性本身爲惡，而是以順情性，縱慾望而不加節制，以致爭、亂、窮爲惡。荀子主張以禮養欲，不以欲之多寡定善惡，顯示他並不是一個性本惡論者，而是一個善惡的後效論者。

此外，馮氏指出，順荀子所言「善如何可能」之解說，荀子「偽」之概念有二義：馮氏認爲其第一義與《郭店老子》的「偽」類似，所指乃心慮之能動性。細言之，可包括「可以知仁義法正之質」和「可以行仁義法正之具」兩種知能。這都是人人所同具而本有者，換言之，亦即可包含在荀子所言「性」一概念的外延之中。

二十八、周德良：〈荀子心偽論之詮釋與重建〉〔註221〕

《史記》記稱荀子「最爲老師」，且「三爲祭酒」，猶與孟子合併一傳。自揚雄評荀子與孟子是「同門而異戶」，唐韓愈評荀子之「性惡」說爲「大醇

〔註220〕馮耀明：〈荀子心性論新詮：附〈榮辱〉篇 23 字衍之糾謬〉，《國立政治大學哲學學報》第 14 期（2005 年 6 月），頁 169～230。

〔註221〕周德良：〈荀子心偽論之詮釋與重建〉，《臺北大學中文學報》第 4 期（2008 年 3 月）頁 135～164。

小疵」，至宋代後，「遂詆其言爲異端之說，擯其學於道統之外」；荀子儼然淪爲孔孟儒家中之「歧途」者。歷史批評荀學缺失，主要原因有二：其一，荀子倡「性惡」之說，違悖孔孟心性大義；其二，荀子崇尚禮義，且堅持「性惡」之說，不顯主體性，價值根源失落，形成外在的權威思想。本文以荀子「心」之概念出發，分析詮釋荀子「心僞論」之理論系統：首先，分析荀子「性惡」說之內容與宗旨目的；其次，詮釋荀子言「心」與「僞」之內涵意義；再者，建構荀子學說之價值主體在於「心」，「聖人」乃是「塗之人」之「心」充分之彰顯，而「禮義法度」之「僞」則是聖人具體落實的客觀規範。由此論證，荀子並非於儒家之外別立系統者，而是繼孔子之後將「聖人」之「心」具體化爲「禮義法度」之實踐者。

　　簡言之，荀子依人之外在行爲表現，區分爲「性」與「僞」。「性」是生而有好利、疾惡、好聲色之內容，若未能加以制約，則易流於暴，暴是偏險悖亂，偏險悖亂便是惡。就理論體系而言，循荀子「性惡」之說，可以順勢推論荀子「隆禮義」之學說目的，卻無法逆溯荀子學說之內在主體性。「性惡」既不是荀子對於人之特質之詮解，更不是荀子思想理論之最後依歸。荀子所以主張「性惡」，既是對經驗世界中普遍現實之人性之掌握，同時也是藉以達到治世之政治工具與手段。而「僞」是人能以「心」思慮，且能化內在之思慮爲可以實踐之禮義法度，「僞」乃是人之所以爲人之特質，人之所以能群、能分、能辨，在於人心有「僞」之能力。

　　雖云眾人皆有是心，然而，只有透過主觀之虛壹而靜之修養工夫，展現心虛靈不昧之本質，心誠便是大清明，達到大清明之境界者，謂之「聖人」。聖人心誠，故能化性、能起僞，是人道極致之表現；聖人之誠心以仁義爲本質，仁義則爲道之內容。凡人雖易流於一曲之蔽，然而，凡人「皆有可以知仁義法正之質，皆有可以能仁義法正之具」：從主體性而言，凡人可以透過修養工夫達到聖人境界；從客觀認知而言，凡人可以學習及遵循聖人所制之禮義法度，效法聖人之精神，達到聖人之境界。荀子所以勸學，乃著眼於人皆有是「心」，必有「僞」之能力，故塗之人可以爲禹明矣；而荀子所以倡言「性惡」，原是爲了凸顯禮義法度之重要性。

　　禮義法度是聖人「積思慮，習僞故」而成，是聖人誠心所體現之道外化之具體結果，故禮義法度不僅是以主觀之人心仁義爲基礎，在客觀上亦是人倫秩序之最理想型態。禮義法度可以規範並教化萬民，達到治國之目的，進

而臻於平天下之境界，此即是正理平治，此即是善。因此，論述荀學之始點與思想理論之重心，及論證荀學之政治主張，甚至修正傳統對「性惡」部分之片面解釋，彌補舊說對荀學理論中所謂矛盾與缺陷之質疑，「心偽論」是重新詮釋荀學之可能向度。

二十九、許宗興：〈荀子「心」析論〉〔註222〕

　　許宗興在論文中指出，荀子的心是有限心，雖然他的心具有豐富而複雜的內容，但主要仍以「認知心」為大宗；為了對治「惡的性」，並開出「正理平治」的理想社會，所以建構「禮義之統」來化性起偽，創造出一套完備的客觀制度，以為我人行事之規範準則；從「心」上來說，荀子學說有以下諸項缺失：（一）對心的內涵瞭解不夠深入，或說對心的體證不夠高卓，屬於無限心部分殆皆闕如。（二）心上未安立善源，使道德學說無根。（三）善與心為二，且善在心外，致非人人可以成聖。（四）將心主要內涵定位於「認知心」，而未給「道德心」以恰當位置，於是一切道德行為，變成知識活動。（五）認知心所追求的「道」，並非生命最高境界，只是一套「禮義之統」的知識內涵，這樣的願景有別於孔孟「踐仁知天」、「盡心知性知天」之終極道德理想。基於這些理由，使荀子學說有缺漏，無法成為正統的儒家之學。

　　許氏以為荀子學說的諸多問題，實都基於對「心」瞭解不夠深入與全面，首先荀子對於無限心體會不夠深邃，所論亦少，對於孔孟「踐仁知天」、「盡心知性知天」之終極道德理想，幾乎無法觸及，於是高度嚴重不足；其次，對於有限心亦只從「認知心」的角度闡述，未給「道德心」以位置，對於生命中的美善，無法在心中找到安立，使道德學說無根，非人人可成聖，且「善」不得不向外求取，更嚴重的是荀子的「善」或「道」，只是一套「禮義之統」，而非孔孟「聖」或「天」的內涵，這些義理缺漏，當然使荀子學說無法躋入正統儒家之林。

三十、鄧小虎《〈荀子〉中「性」與「偽」的多重結構》〔註223〕

　　鄧小虎在本論文中釐清「性」和「偽」在《荀子》中的定義和用法。鄧

〔註222〕許宗興：〈荀子心析論〉，《台北大學中文學報》第 2 期（2007 年 3 月），頁 51～78。

〔註223〕鄧小虎《〈荀子〉中「性」與「偽」的多重結構》，《國立臺灣大學哲學論評》第三十六期（2008 年 10 月），頁 1～28。

氏指出,「性」和「偽」都各自有兩個定義,並且對於這兩個概念來說,相對應的兩個定義構成一種兩重的結構——即相關的兩個定義並不僅僅指向該定義的兩個面向,同時彼此之間具有一種遞進的、有層序的關係。

　　鄧氏認為,〈性惡篇〉是《荀子》文本最受人關注的篇章,可是許多人都忽略了「人之性惡」只是《荀子》論人的其中一部分。實際上,「人之性惡」必須和「其善者偽也」一同理解,才能顯示其確實義涵。鄧氏指出,「性」有兩重義涵,第一義的「性」指天生的質具,第二義的「性」指自然生成的情感欲望。作為天生質具的「性」是中性的,但是自然情欲則有內在傾向蒙蔽思慮、推動惡行,所以被稱為「惡」。可是自然情欲並不固著於惡,它們可以被轉化以實現價值。這種轉化之所以可能是因為人有思慮的能力。思慮的對象正是自然情欲,即通過對自然情欲的抉擇和認可,轉化自然情欲的表現方式,以指導情感欲望的滿足。禮義其實就是一套價值規範,它來自於對正確思慮及行為的總結和概括。《荀子》認為,禮義是為了實現人,也就是使人成為真正的人;而「成人」的方式,就是通過價值規範——禮義,以達致情感欲望的適當滿足。這裡所說的滿足情感欲望,並不是以禮義為手段,滿足預定的自然情欲;而是以禮義為標準,衡量情感欲望應該得到怎樣的滿足。當然,禮義本身的目標,也在於實現人類生命;可是這種實現,已經是一種規範性活動,即通過對人類生命的詮釋,構建人類生命的理想目標。

　　鄧氏以通過對「性」、「偽」這兩個概念的分析,釐清《荀子》論人的三重架構。並認為,《荀子》對於儒學的一個重要貢獻,在於明確區分自然生成和價值生成:自然活動並不內含價值,在這一方面,自然情欲的生成和草木生長、氣候變化並無根本差異。價值規範則必然和思慮反省相關,只有具備自我意識,能思慮、反省的生物,才有價值規範的問題。也只有在思慮、反省的層面,才涉及價值規範問題。

三十一、李宜庭:〈試析《荀子》「心」的意涵——兼及道德實踐之困境〉 〔註224〕

　　李宜庭指出,荀子學有別於孔孟系統之最大特色即「性惡」之說,然性概念於荀子學中屬於生理層次,對於荀學最終成聖目的並無幫助,李氏認為

〔註224〕李宜庭:〈試析《荀子》「心」的意涵——兼及道德實踐之困境〉,《中國語文》
　　　　104卷2期總號(2009年2月),頁30~43。

性只是一被治者,「心」才是能治者,扮演著將人可能之惡導向善之重要角色,實為荀學中成聖之關鍵,可由此言人具有向善之可能,故心才是荀子學中最具價值意義者。李氏認為,荀學以「心」為首要,因心具有思慮、抉擇功能,並能以心治性,進而化性起偽,以符合禮義之道,若以「認知」稱之,雖可呈現心的性格,表現心與道間的能、所對待格局,但卻無法真正充盡其意涵,李氏認為,荀子論心實有著豐富的細節與層次,有負面的情欲義,亦有正面的思慮、認知等多重意涵,詮釋者必須貼緊荀學之重心,將心放在整個系統下思考才能見其意義。依此,李氏認為,因荀學中心之概念於道德實踐是無法切開的,其重要性不單是心可作用地認知外在的禮義之道,心之認知義與實踐義應並而重之,以心為「內在根據」,以禮義為「外在根據」應是較恰當的理解。

第四章　荀子之性論研究在台灣析論

　　根據上述台灣學界有關荀子心性論之研究，可以發現，學者在某些議題上之觀點頗為分歧，其中有涉及荀子「性惡說之意義」、「性惡說之定位」等問題，底下試就相關議題，分別予以析論。

第一節　「性惡說之意義」研究析論

　　有關荀子性惡說之意義的研究，在台灣學界有很多學者曾加以探討，並引發學者之熱烈討論，其意見頗為相異。有關性惡說之意義，主要有下列幾種說法，茲分述如下：

一、人性本惡說

　　胡適認為，荀子論性，是極力壓倒天性，注重人為，並且指出荀子以人的天性有種種情欲，若順著情欲一定會作惡，可知人性本惡；陳大齊也認為依荀子的主張，人性本是惡的，如果順著性情去行事，一定會獲致惡的結果；徐復觀則認為站在荀子的立場，善是外在的、客觀的，而惡是本性所固有的，而如果只是知道外在之善，並不能代替本性所有的惡；劉子靜指出荀子對性之解釋是不可學不可事而在人者謂之性，荀子既然以人之性惡，又說生之謂性，劉氏指出，根據荀子的思想，人生來就是惡的，也許未出母胎就是惡的。四位學者在其論著中，均曾提出荀子的性論是人性本惡說。

　　此外，周群振氏認為荀子以人類與生俱來之罪惡為性，著重人性本惡說之論述。吳光指出，荀子思想中為後世儒家所特別看重的，還是他的性惡論

和隆禮重法的學說，吳氏認爲荀子的性惡論是針對孟子性善論而發的，荀子把人性看作是生而固有，原始質樸的自然屬性，認爲是「生之所以然者謂之性」、「性者天之就也」，這個性又是生來就惡，是後天「不可學，不可事」。在荀子看來，愛好財利、聲色、嫉恨他人以及「飢而欲飽、寒而欲暖，勞而欲休」等等生理需求就是與生俱來的人的本性，這個本性是惡的。上述學者即是主張荀子強調人性本惡說。

二、人性向惡說

陳大齊指出，荀子主張人性本趨向於惡，順從性的本然，只會出於惡的一途，但並不否認其有改趨向於善的可能；所以荀子的性惡說只是人性向惡說而已。這是最明確主張荀子性惡論爲人性向惡說者。韋政通認爲，荀子由「生而離其朴，離其資，必失而喪之」證明性惡，這意思是說，性本朴資，本不必惡，可是朴資之性的需求，卻必然是「欲多而不欲寡」，故「生而離其朴，離其資」，亦是必然的。以其必然「離」，故惡乃生。韋氏的說法雖沒有明白指出性惡是性的趨向，但無疑性惡是指性的趨向而言。

此外，吳茹寒以爲荀子的性惡說是指的人性如順其自然發展，則由於欲念的衝擊，最後必入於惡，並不是指性的本質，而是指「性向」。楊秀宮提出，綜合《荀子》一書對性的界說，性並沒有善惡的內涵，但荀子卻說是「性惡」，性惡說無疑是荀子爲了彰顯禮義法度、外王事功而強調的，荀子對性的界說及對性爲惡的舉證，只能指出「性」是朝惡而去，而不是指性爲「本惡」。林耀麒認爲，荀子之性惡乃言人性有一自然發展方向，若順著這個方向發展而不加限制，其結果便爲惡，但不能說性的本身是惡，所以林氏認爲性惡篇的主旨，應是順性爲惡，而非人性本惡。

三、人性向善說

傅佩榮對荀子性惡說提出新解，即所謂人性向善說，傅氏以古典儒家之主張人性向善論。分析指出：孔子不曾對人性作任何論斷，亦即不曾觸及人性本質的問題；至孟子才公然主張性善，而荀子則公然主張性惡。因孟子的「性善」源於「心善」，而荀子的「性惡」來自「情惡」或「欲惡」，因此孟子與荀子在人性問題上並無必然衝突，而統統可以涵蓋在「性善論」的旗幟之下。

傅氏分析荀子的「性惡論」時，提到荀子所持的理由是站不住腳的，但

不應認爲荀子是主張「人性向惡說」的。因爲荀子曾說：「人之異於禽獸，以其有辨也」（非相），所以人能夠分辨是非善惡；又說：人之異於土石、草木，是因爲人「有氣、有生、有知,亦且有義」（王制）。因此，「辨」與「義」應該是人特有的「種差」，亦即人性具有善的傾向。唯其如此，荀子才能宣稱「塗之人可以爲禹」，正如孟子之宣稱「人皆可以爲堯舜」是一樣的道理。〔註 1〕所以荀子之主張性惡是一種人性向善論。此外，蕭振聲以「人性」一詞的日常用法詮釋荀子的人性論，蕭氏也認爲荀子的人性論屬於「人性向善論」，因爲荀子另外也提到：人性是沒有禮義的，所以用力學習以求得到它們。蕭氏認爲人性求禮義，無非是爲人的行爲作好準備；而說君子不肯爲小人，亦無非是說君子不使向善之性受蔽，故時刻反省而已，其基本信念仍是「人性應當向善」。

四、人性是中性的

認爲荀子之「性」是中性的學者，如徐復觀認爲，荀子對於孟子主張性善，而自己主張性惡的爭論，並不是針鋒相對的爭論。其性惡的主張，並非出於嚴格地論證，而是出自他重禮，重師，重法，重君上之治的要求。徐氏提出荀子言性有兩面意義，此即官能的能力和由官能所發生的欲望。但荀子他只願把握現實性的現象，所以其人性論，是以經驗中可以直接把握得到的一層，即其所謂「性之和所生，精合感應，不事而自然，謂之性。」這是下一層次的，荀子對於性的內容的規定既包括官能的欲望（如饑而欲食）、官能的能力（如目辨黑白美惡）、固性應無定向；其對於性的規定，與告子「生之謂性」的說法，幾乎完全相同。〔註 2〕但荀子除了發揮了告子「食色、性也」這方面的意義，更補充了「目明耳聰」這一方面的意義，這自然比告子更爲周密，理應得出「性無分於善惡」的結論，根據徐氏的研究，荀子也是主張性是中性的。

李滌生認爲，依荀子之說，性包括自然生命與能思之心，性本無所謂善惡，按說荀子之性也是中性的，而必謂其惡者，只是要人提高警覺勉於爲善之故。吳元鴻指出，荀子應是說「人可善可惡」，而非「性可善可惡」，此蓋由於荀子所謂之「善」、「惡」，係扣緊經驗層面上人之行爲是否合乎客觀之禮

〔註 1〕傅佩榮：〈人性向善論──對古典儒家的一種理解〉，《哲學與文化》第 12 卷第 6 期（1985 年），頁 38。

〔註 2〕徐復觀：《中國人性論史──先秦篇》（台北：商務印書館，1977 年），頁 235。

義而言，其所謂之性，本質上應是「無善無不善」之中性存在。

王邦雄認為荀子主張「生之所以然謂之性」，一如告子的「生之謂性」，「所以然」是形構的所以然，不是實現的所以然。由這一觀點言之，荀子的人性觀，是自然人性的觀點，人性是無善無惡，可善可惡的，所以人性是中性的。陳修武也指出，在荀子的了解中，「性」既無孟子所謂的善，也無他所謂的「惡」，完全是中性的。

戴志村指出，按照荀子的講法，性的主要意義是：與生俱來或自然而然的，既然性是與生俱來，就無所謂「善、惡」可言；所以戴氏認為荀子「性惡善偽」之主張中，「人之自然」（性）是不具有道德意義的，不足以作為價值根據的。林耀麒認為荀子並不認為性有善端或惡端，但如果順性發展，就可能導致惡的結果，也可視為性是中性的看法。

李哲賢先就荀子所言性之內容認為荀子之言性，亦以生之謂性為前提，且含有二義：自然本能、自然情欲。除此之外，荀子復以人之心知形能為性，亦即能思之心為性，而自然本能及自然情欲均是中性，其所把握的心則為認知心，功能在成就知識，就此而言亦是中性。可知，李氏認為，荀子之性是中性的。

綜合以上四種說法，可以發現，學者對於荀子性惡的意義，其觀點極為分歧，若欲釐清此問題，最根本的方法還是要回歸到荀子之文本，根據荀子對於「性」之界定來加以探討。荀子對於「性」之規定，可見於下列三段文字：

> 生之所以然者謂之性，性之和所生，精合感應，不事而自然，謂之性。〔註3〕

> 若夫目好色，耳好聲，口好味，心好利，骨體膚理好愉佚，是皆生於人之情性者也；感而自然，不待事而後生之者也。〔註4〕

> 凡性者，天之就也，不可學，不可事。禮義者，聖人之所生也，人之所學而能，所事而成者也。不可學，不可事，而在人者，謂之性。〔註5〕

依此三段文意，皆說明了荀子有關性的自然義、生就義。這表示性只是自然生命之質，是中性的，沒有道德理性，也就是指生而即有之義。由此觀之，

〔註3〕《荀子·正名》
〔註4〕《荀子·性惡》
〔註5〕同前註。

荀子所言之「性」是指與生俱來，就「生之所以然」而說性言之，荀子所說的「生之所以然」是屬於形而下的所以然，所謂「目好色，耳好聲……感而自然，不待事而後生之者也。」荀子就此先天本自如此的自然徵象而說「性」，就是性的自然義。其次荀子由「天之就」說性，凡是天所生就的自然之質，都是不可學而得，不可事而成的，落在人的生命中便謂之性，這是性之「生就義」，由此理解，荀子的性亦只是中性的。

　　荀子界定的人性內容，實與告子為近；一般人皆以為荀子僅以動物性來規定人性，實際上，荀子言性論的內容是從感官的本能、生理的慾望和心理的反應等方面來理解人性的；所謂動物性，大抵是指自然情欲與自然本能而言。所以荀子認為：

> 今人之性，目可以見，耳可以聽；夫可以見之明不離目，可以聽之聰不離耳，目明而耳聰，不可學明矣。〔註6〕

> 今人之性，飢而欲飽，寒而欲煖，勞而欲休，此人之情性也。〔註7〕

> 若夫目好色，耳好聲，口好味，心好利，骨體膚理好愉佚，是皆生於人之情性者也。感而自然，不待事而後生之者也。〔註8〕

> 凡人有所一同，飢而欲食，寒而欲煖，勞而欲息，好利而惡害，是人之所生而有也，是無待而然者也，是禹桀之所同也。目辨白黑美惡，耳辨聲音清濁，口辨酸鹹甘苦，鼻辨芬芳腥臊，骨體膚理辨寒暑疾養，是又人之所常生而有也，是無待而然者也，是禹桀之所同也。〔註9〕

由以上文本，約略可將荀子言性之內容，包括感官之能力：如耳目口鼻之辨聲色臭味，骨體膚理之辨寒暑疾癢，這都是與生俱來的感官能力。而生理之欲望：如飢而欲食，寒而欲暖，勞而欲息及耳目之欲等人類之自然生理需求。也是生而有的基本欲望；最後是心理之反應：如目好美色、樂音，口好佳味，好利而惡害以及好利而欲得等自然的心理反應。〔註10〕

　　從以上荀子對性所規定的內容，可知，荀子之所謂性，含有自然本能和

〔註6〕《荀子·性惡》
〔註7〕同前註。
〔註8〕《荀子·性惡》
〔註9〕《荀子·榮辱》
〔註10〕蔡仁厚：《孔孟荀哲學》（台北：學生書局，1990年），頁389。

自然情欲二義。〔註11〕這都是生物生命的內容，我們只看到「人之所以為動物」的自然生命徵象，而不能見到「人之所以為人」的道德價值內涵，只有實然生物生命之活動，而沒有應然的道德價值取向，荀子所見的人性，只是這一層生物的自然生命。〔註12〕然而，荀子除了主張「人生而有欲」〔註13〕之外，尚言「人生而有知，……心生而有知。」〔註14〕且以為「塗之人也，皆有可以知仁義法正之質。」〔註15〕所以荀子除了以人之自然情欲及自然本能為性之外，心也是性的內涵。

綜上所述，荀子所言「性」之內容，應包含自然情欲，自然本能及能思之心。若認為荀子僅從動物性以規定人性，並不是周延的看法，因為荀子之所謂「性」，除動物性外，尚包含能思之心。且從荀子所規定之「性」的內容而言，自然情欲及自然本能皆是中性，本身無所謂善惡，且荀子所把握之心乃認知心，認知心之功能主要在於成就知識，而知識與道德二者乃分屬不同之領域，前者屬實然領域，後者則屬應然領域，而知識對行為之道德與否，並無確定之保證，故亦是中性的。因之，就此而言，荀子人性論之歸趨，應是人性無善無惡，即人性是中性才是。〔註16〕

人性既是中性的，荀子又是如何主張性惡的呢？依據荀子性惡篇中立論的內容來看〔註17〕，首先荀子是從官能欲望的流弊來說明性、善與性並無不可離之東西、人之善行常與自然之欲望相反以證明性之惡、人之欲為善正因其性惡、人之有所求乃是為了滿足需要等面向來證明性惡之妥當性。進一步探究，解析荀子文本，我們從荀子對於「善」、「惡」二者意義之規定來看，荀子認為：

> 凡古今天下之所謂善者，正理平治也；所謂惡者，偏險悖亂也。是善惡之分也矣。〔註18〕

從此段文本分析，荀子之所謂「善」是指「正理平治」，而所謂「惡」則指「偏

〔註11〕 李哲賢：《荀子之名學析論》（台北：文津出版社，2005年），頁27。
〔註12〕 蔡仁厚：《孔孟荀哲學》（台北：學生書局，1990年），頁390。
〔註13〕 《荀子・禮論》
〔註14〕 《荀子・解蔽》
〔註15〕 《荀子・性惡》
〔註16〕 李哲賢：《荀子之名學析論》，頁28。
〔註17〕 參閱徐復觀：《中國人性論史・先秦篇》（臺北：臺灣商務印書館，1969年），頁235～237。
〔註18〕 《荀子・性惡》

險悖亂」。由荀子對善、惡之規定，可知其所謂「性惡」，蓋意指人性之違反正理平治之要求。故荀子云：

> 今人之性，生而有好利焉，順是，故爭奪生而辭讓亡焉；生而有疾惡焉，順是，故殘賊生而忠信亡焉；生而有耳目之欲，有好聲色焉，順是，故淫亂生而禮義文理亡焉。然則，從人之性，順人之情，必出於爭奪，合於犯分亂理，而歸於暴。故必將有師法之化，禮義之道，然後出於辭讓，合於文理，而歸於治。用此觀之，然則，人之性惡明矣，其善者偽也。〔註19〕

通觀此段文意，「順是」二字是由自然情欲導致惡之關鍵。順是者，就是隨著自然情欲而不加以節制之意。蓋於現實人生之中，人不能無欲，所謂「人生而有欲」〔註20〕人不僅有欲，且順人之情性，則是「欲多而不欲寡」〔註21〕，所以人與人之間遂生爭奪，導致違反正理平治之要求。故順人之自然情欲之需求，而不加以節制，則必流於惡，此就是荀子主張性惡論之本旨。荀子即依此來規定性惡，故荀子並非主張人性本惡。〔註22〕

　　總之，依荀子之意，「性」是中性的，本身無所謂善惡，而非如學者所言，人性是**趨**向於惡或是向善的，「惡」非來自「性」或欲望本身，所以，荀子所言「性惡說」，當然更非人性本惡說。

第二節　「性惡說的定位」研究析論

　　對於性惡說在荀子思想中之定位問題，學者之意見亦頗為分歧，茲分述如下：

一、性惡說並非荀子學說之中心

　　對性惡說的中心定位，王先謙在〈考證〉一文中提到：「余謂性惡之說，非荀子本意也。其言曰：直木不待檃栝而直者，其性直也；枸木必待檃栝烝矯然後直者，以其性不直也。今人性惡，必待聖王之治，禮義之化，然後皆出於治，合於善也。夫使荀子而不知人性有善惡，則不知木性有枸直矣。然

〔註19〕同前註。
〔註20〕《荀子・禮論》。
〔註21〕《荀子・正論》。
〔註22〕李哲賢：《荀子之名學析論》，頁29。

而其言如此，豈眞不知性邪？余因以悲荀子遭世大亂，民胥泯棼，感激而出此也。」〔註23〕即持懷疑的立場。

胡適、楊筠如、唐君毅亦持類似之看法。唐君毅說：「吾今之意，以爲荀子所言性之惡，乃實唯由與人之僞相較，或與人之慮積能習，勉於禮義之事相對授，而後反照出的，故離此性僞……即無以性惡之可說。」又說：「故荀子之性惡論，不能離其道德文化之理想主義而了解。」唐氏即強調性僞之重要，並以道德文化之理想主義爲荀子學說之核心〔註24〕，馮友蘭亦認爲性惡說非荀子哲學的本體，也不是荀子的基本觀點。

韋政通則點明「禮義之統」才是荀子思想系統的基層觀念，並以此爲基礎，確定荀學中性和天的意義。蔡仁厚指出荀子言性之內容，綜合之爲感官的本能、生理的欲望、心理的反應三者，順是荀子言人性惡，但隨即又言「化性起僞」，作者強調這方面才是荀子的正面主張。

龍宇純則針對性惡說在荀子思想中的定位問題，以及禮爲其哲學本體說法加以分析探討，針對這個部份，龍氏認爲「禮」才是荀子哲學的本體，「宇宙一切不離乎禮」的觀念才是荀子的基本觀點。龍氏指出荀子不曾徹底否定四端之說，還承認其中仁智兩端，故知性惡的主張非荀子基本觀點，主張隆禮反倒是他的基本思想；性惡說爲因，隆禮是果的了解是有問題的。

劉文起認爲性惡之說，原非荀子所首倡，而是「先聖已肇其端」，荀子之言性惡，除了因抵拒孟子性善之無辯合符驗，所謂不及知人之性，亦不察乎人之性僞之分者；尙有時勢使然及荀卿自身習性所致。如王先謙所謂：「荀子遭世大亂，……感激而出此也。」此外，陳修武認爲，在荀子學術思想中，「性惡」根本沒有資格作爲荀子學術思想的一個不可替代的根本原則，如果從荀子的書中抽出「性惡」一觀念，不僅其他各篇都可照樣獨立，就是「性惡篇」本身也不必塗掉幾句，荀子不以「性惡」爲成就完美的人格的根本，他的根本是所謂的「先王之道」。

陳禮彰指出，荀子建構以知通統類爲思想基礎的人性論，既爲了彰顯禮義人倫教化的意義，也爲了凸顯心性涵養工夫之不易，不得不將可善可惡的自然

〔註23〕【唐】楊倞注・【清】王先謙集解：《荀子集解・考證》（台北，世界書局，2000年）。

〔註24〕參見唐君毅：《中國哲學原論・原性篇》（台北：台灣學生書局，1983年），頁66～67。

本性與惡的傾向聯結爲「性惡」，若就「生之所以然」、「本始材朴」定義來看性，荀子所謂「性」應屬中性，即「性可以爲善，可以爲惡」；所以既可以藉禮義師法而化爲「善」，亦可能因無所節制而流於「惡」，陳氏以爲，眞正讓荀子決定將「性」與「惡」縮結在一起的原因，則是爲了扭轉「性善」論的流弊，以重振儒學。周良德指出，荀子學說之價值主體在於「心」，「聖人」乃是「塗之人」之「心」充分之彰顯，荀子學說中之「性惡」，只是做爲宣揚政治理念之工具手段，「禮」是教化與規範人群社會之始點與終點，而「聖人」之「心」「僞」，才是創建禮義法度之價值根源之主體所在。鄧小虎認爲，「人之性惡」只是《荀子》論人的其中一部分。實際上，「人之性惡」必須和「其善者僞也」一同理解，才能顯示其確實義涵。荀子〈性惡篇〉反覆強調的「人之性惡，其善者僞也」，重點不在於「人之性惡」，反而在於「其善者僞也」。

對於荀子性惡說之地位，上述均否定其佔有中心地位之看法，而認爲心僞論才是荀學的重點所在。

二、性惡說佔有中心地位

楊筠如說：「荀子，性惡是他哲學的本體。」陳大齊指出，性惡說是荀子學說的基本觀點，因荀子的性惡說最爲著稱，其他學說爲其所掩，致爲後世所忽視，所以，陳氏認爲性惡說是荀子學說的基本觀點。李哲賢雖認爲，「禮義之統」乃是荀子學說的核心，其學說均是環繞此一中心而展開；然而，若無性惡說之建立，禮義即無存在之意義，可知，性惡說乃禮義或禮義之統之理論依據，在荀子思想中實佔有中心之地位。

吳光指出，荀子對於儒家發展的影響主要在於他提出「人性本惡」的理論，並在此基礎上建立了一套「化性起僞」、「隆禮重法」的政治論理哲學，從而在中國儒學史上形成了一個與孟學「相反相成」的荀學傳統，使儒家的哲學理論減弱了道德哲學的色彩而增強了政治倫理的色彩。基於「人性本惡」和「化性起僞」的人性論學說，荀子建立了一整套以「隆禮重法」的政治倫理學說。劉文起指出，荀子以師法禮義之所起而言性惡，人無師法禮義，故必爲盜賊；禮義之起，爲人性惡，今人必待師法禮義之加而後善者，又以是知人之性惡也。此說即強調性惡說之居荀子思想之核心地位。

劉素香提出歷來的學者把性惡論當成荀子的學說中心，並因此對他持貶黜的態度，然至清代，清儒以較客觀的態度來看待荀子學說，對荀子所提的

性惡論給予較客觀而同情的對待，也逐漸有學者注意到荀子的禮論，認爲禮論的重要性不下於性惡論，學者認爲禮論是荀子學說的中心，並認爲性惡說並不是荀子的本意，性惡論只是荀子爲完成禮治的思想而立的，是用來彰顯禮義的手段。劉氏最後結論認爲禮論與性惡論的關係是相輔相成的水平關係，雖未主張性惡說具有核心地位，但亦未認爲其他學說才是荀學中心思想。

依此，學者對於荀子性惡說之定位的看法，仍有歧見，因此，若欲解決此一難題，唯有從「性惡說」本身予以探討。荀子以爲，人皆生而有自然情欲，若順其自由發展而不加以節制，必會產生爭奪，而導致行爲之惡的結果或事實。荀子即由行爲之結果所呈現之惡的事實而言人之性惡。然而，荀子之證明性惡，在邏輯上實有待商榷，蓋由行爲結果之惡並不能必然地推知人性是惡。

此外，依荀子之意，人性之內容實包含自然情欲、自然本能及能知之心。然其性惡之主張卻僅由自然情欲一面立論，而未及其餘。且既由自然情欲以論性，自應得出性無善無惡之結論，而荀子卻主張性惡之說，此必不可能。故荀子所舉有關性惡之論證，殆無一可成立，此亦理之當然。由此可知，荀子性惡之主張，有其特殊之立場與背景。蓋荀子學說之提出，其主要目的在於使社會趨於善，以達致正理平治之結果，然而事實之呈顯，每與理想相背離，亦即無法符合善之要求。由此，荀子遂規定所謂善是正理平治，反之，則是惡。且荀子因目睹當時社會紛爭迭起，人欲橫流，偏險悖亂之事實，遂由此人類行爲結果所呈現之惡之事實，追溯其原因，以爲此乃因人性中之自然情欲，順任而不加節制所必然導致之結果。此爲現實人生與社會中觸目而見之事實，故荀子即就此事實之惡，建立其性惡說。且就荀子而言，亦唯有如此建立之性論，始是「有辨合、有符驗」。〔註25〕

由此可知，荀子性惡說乃是針對現實中之惡的事實而提出。且欲對治現實之惡，則須有一能治之善的標準與之對應，此即荀子所言之客觀的禮義。故荀子論禮義之起，即是由於人之性惡此一事實之存在，且所以對治性惡之事實。故荀子在〈禮論〉篇論禮之起源即是如此。可知，荀子「性惡說」之提出，純是欲實現並彰顯禮義之功能與效用而建立。且唯有如此，禮義始能落實，而不致成爲無根之存在。〔註26〕

〔註25〕李哲賢：《荀子之核心思想：「禮義之統」及其現代意義》，頁72～73。
〔註26〕李哲賢：《荀子之核心思想：「禮義之統」及其現代意義》，頁73。

故荀子在〈性惡〉中批評孟子之性善說時，即說：

> 今誠以人之性固正理平治邪？則有惡用聖王，惡用禮義哉？雖有聖
> 王禮義，將曷加於正理平治世哉？今不然，人之性惡，故古者聖人
> 以人之性惡，以爲偏險而不正，悖亂而不治，故爲立君上之埶臨之，
> 明禮義以化之，起法正以治之，重刑罰以禁之，使天下皆出於治，
> 合於善也。是聖王之治而禮義之化也。〔註27〕

此即明言，由於人之性惡，禮義始能落實並產生其效用。荀子所謂「化性」，
內在面要靠知慮，外在面要靠禮義，但心的知慮，只有選擇判斷的作用，禮
義是客觀外在的，它可以作爲行爲之規範，但不能使人就範，行爲的動機，
出於情性之好惡，好惡之正確與否，出於知慮之選擇判斷，所以荀子「化性
起僞」以成德成善的根據，內在的根據是「心」，外在的標準則是「禮義之道」。
〔註28〕又因爲荀子思想中的心性關係，可以說是「以心治性」，但並不是直接
以心治性，乃是通過禮義以治性；依此，荀子之核心思想雖是禮義，然而，
若無性惡說之建立，禮義即無存在之意義。可知，性惡說乃禮義或禮義之統
之理論依據。〔註29〕因此，性惡說在荀子學說中佔有中心地位，確是言而有
據之論。

〔註27〕　《荀子・性惡》
〔註28〕　蔡仁厚：《孔孟荀哲學》（台北：學生書局，1990 年），頁 395～398。
〔註29〕　李哲賢：《荀子之核心思想：「禮義之統」及其現代意義》，頁 72～73。

第五章　荀子之心論研究在台灣析論

第一節　「心與性之關係」研究析論

　　有關荀子學說中之心、性關係之研究，學者之看法多有不同，有認為荀子是以「心」為「性」者，亦有主張荀子不以「心」為「性」者。茲分述如下：

一、主張心即是性

　　徐復觀指出，荀子言性有兩層意義，荀子所謂「性者本始材朴也」，材朴是指未經人力脩為之能力，此為荀子言性之另一面，這在荀子理論構成很重要，依此，始能說「無性，則偽之無所加」；此性即「生之所以然謂之性」的性，徐氏認為此「生之所以然」是從生理現象推進一層的說法，此與孔子的「性與天道」及孟子「盡其心者知其性也」的性，在同一層次，在理論上，人性即應通於天道；徐氏進一步指出，荀子學說中由惡向善的通路乃在於心知，其主張的人「皆可以知仁義法正之質，皆有可以能仁義法正之具」[註1]，前者指的是心，後者指的是耳目等官能的能力、作用，但「能」依然要靠心知的判斷；所以心是荀子由惡向善的通路，心涵性之功能，荀子和孟子一樣，特別重視心，依此，荀學即涵「心是性」之義。

　　李滌生認為，荀子以人性惡而可以為善者，以別有心在，心體獨立自主，意志絕對自由，它支配一切，故謂之「天君」，且「心生而有知」，即言心有認

〔註1〕《荀子·性惡》。

-115-

識的作用，有認識才有辨別；因荀子對於人性的規定即包含自然情欲、自然本能及能思之心，按此亦有「心是性」之義；何淑靜指出，荀子以「心」為「天官」，從「生而有」立論，即是以「心」為「性」，何氏認為，依荀子對「性」之了解，若從「生之所以然」來理解，可知荀子的思想中是涵「心是性的」。

唐端正指出，由於荀子主張性惡，而心有欲善好養之性，又能知道、可道、守道、以禁非道，似乎心是善的，心的善與性的惡，照理不能合而為一，於是有人主張荀子是心性分途的，認為心不是性；但唐氏認為，荀子的性不是惡，只是可以流為惡，荀子的心也不是善，只是可以為善；甚至說善是僞，都沒有問題。以性惡來反對孟子性善，是用詞過當。如果性不是惡，心不是善，兩者都是中性的，則不必說心性分途。心知既是生而有的，是生之所以然的，怎樣可以說心不是性呢？荀子說心可以知道，無異說性可以知道。李哲賢則以荀子言性之內容除了包括自然本能和自然情欲之外，還有能思之心；因荀子主張「人生而有知，……心生而有知。」〔註2〕且以為人「皆可以知仁義法正之質。」所以李氏指出，荀子除了以人之自然情欲和自然本能是性，還以人之心為性。

王邦雄認為依荀子主張塗之人皆有可以知仁義法正之質，皆有可以能仁義法正之具，質是材質，具是形具，皆就生而有的自然人性說，而知能的主體是心，是心的知能作用，也是性。因為心是性，心之「虛壹而靜」的修養，就是化性，由化性而具備了認知的先在條件，才能由起僞而生禮義製法度，王氏於此呈現心是性義。

戴志村認為，荀子所謂「性」除了情欲之外，亦包括知與能，心亦是其內容之一，既然心亦是性，「以心治性」說亦不符合荀子的意思；戴氏指出，將荀子所謂「性」視為只是情欲的看法是不合荀子本意的，因此，所謂心是否也只是認知心，亦有問題，戴氏認為，心與情欲是密切相關的，無論是心還是性，在荀子看來，都至少包含兩部份，那就是能力和欲望，荀子並不是將能力和欲望視為兩層，分別稱之為心和性，而是認為心和性同時具備兩者，心根本就是性的一部份，所以，其性質當然與性一樣。

二、主張心不是性

周紹賢指出荀子截然將心性分而為二，荀子只承認貪得好利之私欲為

〔註2〕《荀子·解蔽》

性，故云人之性惡，並以惡由性發，善由心生，是心性有顯然的分別；雖然荀子云：「凡以知、人之性也，可知，物之理也」，性既能知理，如此則又心性不分，但周氏認爲荀子書中之總義則爲性惡心善、心性分立之說。魏元珪也指出，荀子以心性爲二，性乃生而就者，而「心」卻係認識作用之機構，以及專爲思慮所成立之禮義文理與精合感應而已，是心者乃認識之心，人並未具天生之道德本心，故心者不過積習而然。

王邦雄以爲荀子強調性僞之分，性不同於僞，而僞出於心的知慮能動，心是能治的主體，性是被治的對象，如是，心不是性。何淑靜亦指出，有關荀學之「心不是性」的看法，則是從「實踐功夫」立論：心之能治，之爲「君」就是「心」由性轉而爲「非性」之依據，「心」在價值上自比性高一層次，而不再是性，依此，「心」之爲「天君」乃是天生自然的，具有實踐上的意義，「心」是透過「實踐的工夫」（虛壹靜的工夫）而成爲不是『性』的；「心」在價值上自比性高一層次，而不再是性。

此外，陳修武認爲荀子所講的「性」，是從生命的本質說的，荀子所講的心，是從生命之主宰處說的，心是治性的，性是爲心所治的；心是主動而非被動的，性是被動而非主動的。其次，翁惠美提到荀子認爲人心能知道，此心爲認知心，認識道然後可道，此心何以知道？曰虛壹而靜。對於荀子是否以心爲性？可就二方面言之，一爲情與欲，一爲能知之心。至於知道之心，是出於後天人爲之作用，所以知道之心爲僞，並不是性；亦涵「心不是性」義。

蘇嫈雰則就「心」作爲荀子「禮」學思想的基礎而言：荀子肯定「性」是本然存在的事實，荀子雖肯定性順是會是惡，但是，藉著心知之轉折，使之遷善，才是眞正的重點所在。荀子思想中的心性關係，可以說是「以心治性」。不過，並不是直接以心治性，乃是通過禮義而治性，依蘇氏之意，實涵「心不是性」之義。

綜合以上學者說法，可以發現，學者對於荀子是否以心爲性，其觀點頗爲分歧，若欲釐清此問題，最根本的方法還是要回歸到荀子文本，根據荀子對於「性」之界定來加以探討。荀子對於「性」之規定，可見於下列三段文字：

> 生之所以然者謂之性，性之和所生，精合感應，不事而自然，謂之性。〔註3〕

〔註3〕《荀子‧正名》

若夫目好色，耳好聲，口好味，心好利，骨體膚理好愉佚，是皆生
於人之情性者也；感而自然，不待事而後生之者也。〔註4〕

凡性者，天之就也，不可學，不可事。禮義者，聖人之所生也，人
之所學而能，所事而成者也。不可學，不可事，而在人者，謂之性。
〔註5〕

從以上荀子對性所規定的內容，可知，荀子之所謂性，含有自然本能和自然
情欲二義。然而，荀子除了主張「人生而有欲」〔註6〕之外，尚言「人生而有
知，……心生而有知。」〔註7〕且以為「塗之人也，皆有可以知仁義法正之質。」
〔註8〕依此，荀子的「性」除了是人之自然情欲及自然本能為性之外，還包括
能思之心，因荀子由智識心，所識的乃是理智性的認知心，認知心能知能慮，
亦能思辯決疑，荀子的心論，亦是直接從心能知道說起。〔註9〕荀子的「性」
既包括能思之心，心也是性的內涵；故在荀學中，「心是性」的說法顯然成立。

第二節　「心在道德實踐上之意義及依據」研究析論

荀子雖然主張人之性惡，其目的卻在於使人成善或成就道德，因此，有
關成德依據之探究實極為根本且必要。此外，荀子主張人人皆可以成為聖人，
而人之所以能成為聖人乃因人生而有心，而心能作實踐的工夫以認知禮義並
以禮義治性，依此，心即成為人在道德實踐上之依據。然而，關於心在道德
實踐上之意義及依據，學者之看法頗為分歧，有認為心有「自由意志」，在道
德實踐上具有完全之主宰性；亦有學者認為，心僅具認知意義，在道德實踐
上並無必然之保證，茲略述如下：

一、主張心僅具認知意義者：

蔡仁厚主張，荀子思想中的心性關係，可以說是「以心治性」，但非直接
以心治性，禮義之道是行為的標準，人必須守道以禁非道，才能成就善的價

〔註4〕《荀子·性惡》。
〔註5〕同前註。
〔註6〕《荀子·禮論》。
〔註7〕《荀子·解蔽》。
〔註8〕《荀子·性惡》。
〔註9〕蔡仁厚：《孔孟荀哲學》（台北：學生書局，1990年），頁407～408。

值，以下作者通過三步驟考察說明荀子如何「以心治性」。首先，荀子在〈解蔽〉篇中提出透過「虛壹而靜」的工夫，心即可認知禮義，且荀子對心與欲的分析，可稱之為「從心不從性」，其言心，除了「認知義」，亦含有「實踐義」，亦即荀子認為心既能認知禮義，而且認可禮義為行為活動的標準。最後一步是性是否必然依從心之「所可」，而化惡成善，依荀子的系統是沒有回答的。

　　另外一個問題是「人之性惡，則禮義何由而生？」依荀子的說法，性分中既無禮義之事，而有待於聖人之才能，則禮義之必然性及普遍性，根本無從建立。對於荀子論心及其對性之體察，蔡氏先從「心」的觀念談起，依孔孟而言心，心是道德心，但荀子之言心，則與孔孟不同，荀子書中對「心」的用法，大部分都只是一般的意義，如「用心一也」、「身勞而心安之」等例，都不具觀念義，有觀念性的「心」字，主要出現在「解蔽」和「正名」篇，有別孟子的「以仁識心」，荀子是「以智識心」為其進路的，蔡氏接著引用「解蔽」和「正名」篇有關心的論述來討論荀子的心論；所謂：「人何以知道？曰：心」（解蔽）、「心知道，然後可道。可道，然後能守道以禁非道。」（解蔽），以此，人之所以能「知」道，是由於人有「心」。心並不即是道，這個「知道」的心，自是屬於認知心，而不是「道德心」，由此可證實荀子是「以智識心」，所識的是理智的「認知心」，因認知心能思、能慮、能辨，故導出其主宰義。

　　按蔡氏的理解，荀子以心為「天君」，天、自然義，君、主宰義。天君是五官的主宰，按照荀子的意思，「心」是形體感官的主宰，所以出令而不受令，有人因此認為荀子所講的心有「自由意志」，但就認知心而說的自由意志，實只是選擇的自由，此與道德心所含具的自主自律之自由意志，無法等同視之。因荀子所講的心，不是具理的道德心，而只是見理的認知心，蔡氏提出疑問？指出由認知心所作的選擇判斷，是不是必然合理合道，荀子提到「心知所可，中理……心知所可，失理」（正名），當心之所可「失理」時，認知心具有的主宰能力便無法保證人的行為必然是善的，即使它認知了善道，仍不表示就可以行善、成善。這是荀子「以智識心」之主宰義的限制。

　　徐復觀主張荀子學說中由惡向善的通路乃在於心知，其主張的人「皆可以知仁義法正之質，皆有可以能仁義法正之具」，前者指的是心，後者指的是耳目等官能的能力、作用，但「能」依然要靠心知的判斷；所以心是荀子由惡向善的通路，他和孟子一樣，特別重視心。不過孟子所把握的心，主要是

在心的道德性；而荀子則在心的認識性的一面，此為孟荀之差異。但荀子說到心的主宰性時，乃是表示心對行為的決定性，大過其他的官能；並非即是保證一個人可以走向善的方向。何淑靜則指出，荀子視為道德實踐之依據的「心」並沒有「實踐主體」的意思，「能治性」之「心」不能內在而自足地成就道德的實踐，只是人成就道德的實踐之「憑依因」，並不能保證道德實踐之成。「心」之為人作道德實踐的「憑依因」是不足以保證人之必然地作道德的實踐，荀子所瞭解作為道德實踐之依據的「心」，在保證人作道德的實踐上，強度不夠，故而不能保證人人皆必然地作道德的實踐。其實踐理論所主張之道德的實踐沒有普遍的必然性。

魏元珪指出，荀子明言心能中理，為判斷之中樞，但荀子卻忽略了心未必能保證其是否中理，因「心」可擇善，亦可不擇善，有中理者，亦有不中理者，故心之主宰性，並不含道德意義，心之主宰性，純由認識能力而來。荀子之心觀既重認識之心，而非如孟子所言之道德心之具有先天能力，故其所說之道德，自係由吾人之認識心所積習而成者，亦即純由外爍而進入吾人意識之中，是以荀子在此所主張之道德，不過是後天的積習，而非先天的能力，因此在事實上並不保證吾人在行為上，是否確有行使道德之能力。

此外，鮑國順也指出，荀子所恃以化性起偽的心，是一顆認知心；相應於仁心、道德心，可以稱之為智心、理智心，這是荀子心論的基本特色。荀子由智識心，是從人類的認知能力上去把握人心，故其所謂「心」僅具有認識的能力，並無善惡可言，也就是價值中立的。荀子之所謂善，則是從行為的結果上去立說，人有為善之心，尚不足以稱善，必須付諸實際的行為，有了善行，方足以稱善，所以善不屬於「心」，而屬於「偽」。

翁惠美提到荀子認為人心能知道，此心為認知心，認識道然後可道，此心何以知道？曰虛壹而靜。所謂虛者，要人不可因已有之知識所蔽塞，所謂壹者，乃承心之自由意志而說，宜釋為「專壹」。翁氏提到荀子認為因性中含有一顆能知之心，心能知道，實為化性向善的關鍵。但荀子並不以為人心之自主性皆為可靠，因為認知心可以決定向善，也可以決定不向善。故心之主宰性對行為之道德而言並非可信賴，必須憑藉外在之道為標準之知，方可信賴。荀子所謂之道是指客觀之禮義而言，透過虛壹而靜的工夫，心就可以知道。所以荀子的心在道德實踐上便有積極的意義。

二、主張心具自由意志者：

　　周紹賢指出，荀子以心為人生全部之主宰，有至高之權力，發號施令，支配人之一切活動，故無所受令，因為「心生而有知」，心能「知道」，荀子所說之道可以「禮」總括之，心能知道明理，不合理之事，自禁、自奪、自止；合理之事，自使、自取自行，心不被迫而改變意志，是非自有判斷，所以心靈之表現，未有能反對而禁止之者，萬里皆備於心中，能專一精察而不迷惑，因其能明理自治，故不受外力之干擾，而主持人生之一切。

　　周良德認為，人所以能思慮、抉擇，且將思慮化為實踐之價值根源，即在於人之「心」，「心」乃是價值判斷之自覺主體。人有是心，故能於普遍本能之情性之外，思慮行為之正當性，並且通過思慮創造一套行為準式，此一準式，即是「偽」。因此，「偽」不僅只是單純之外在人為之意而已，而是要「心」通過「積思慮，習偽故」，「慮積焉，能習焉」之過程，而後能化為成就禮義之具體實踐者，始可謂之「偽」，此即是荀子「心偽論」精義之所在。

　　周氏指出，「心」不僅對治「五官」，並且駕馭形軀行為，亦是精神與意志之主宰。「心」是精神意志之主宰，能指揮命令，自作主張，故「心」不必受制外在之命令，充分彰顯「心」做為人之自由意志之義。「心」既是形之君，故對於形軀行為之禁、使、奪、取、行與止，皆聽命於「心」，勞思光於此處亦不得不承認，卻又語帶保留說「荀子之『心』似有『主體性』之義」，「如此，則『心』確表主體，且為『應然自覺』所在」，「皆足見荀子以『心』為『主體性』」。就此而言，荀子認為，「心」既是形軀生命之君主，亦是精神意志之主宰，具有獨立自主與絕對自由，並能使意志化為實踐力量之價值根源，而「偽」之能力來自於「心」之思慮與抉擇，故聖人所以能「化性起偽」，能制禮義法度，完全出於聖人之「心」。

　　依上述可知，學者對於「心在道德實踐上之意義及依據」之看法，極為相左，欲釐清此一問題，筆者試依雙方之論點予以分析如下：

　　周良德以為，荀子雖主張人之性惡，然而，人藉由「化性起偽」可以成善，而人之成善成德之依據是「心」，並主張荀子之「心」為道德主體。依此，人皆有是「心」，必有「偽」之能力，故塗之人皆可為禹，由此可解消荀子學說中成德依據之理論難題。實者，荀子之心並非道德主體而是認知主體，蓋荀子所把握之心為認知心，此可於荀書中證知：心可知道；心如槃水等。可知，人之所以能知道、見理是由於人之有心。心能知道、見理，但心不是道，

不是理，理和道皆不在心中。可見，荀子所言之「心」僅是一「見理」、「知道」之認知心，而非一「具理」之道德心。此所以勞思光亦指出「此喻最能代表荀子對『心』之看法。依荀子所見，心之見理正如水之照物。水清明則能照物，心清明則能見理。物不在水中，理亦不在心中。心之德唯有清明，即所謂『虛壹而靜』者。如此，荀子之『心』雖一度說爲『主體性』，但此心爲一不含理之空心，並非道德主體。其功用僅在虛靜中照見萬理；與道家所說之『心』相近；而與儒家所言之『心』（道德心）相去甚遠，更非孟子所言之『性』。」，依荀子所見，心之見理正如水之照物，理不在心中。『由於理不在心中』，故荀子之「心」雖一度說爲主體性，但此心爲一不合理之空心，並非道德主體。可知，荀子之心是認知心而非道德主體。

根據上述之分析，可知荀子之心爲認知心，僅具認知意義，並非道德主體，亦不具自由意志，因此，在道德實踐上並無必然之保證。

第六章　結　論

　　本文係荀子心性論研究在台灣之再研究，由於篇幅所限，本文僅選擇一些較具代表性之論著作一介紹。然而，從論述中，亦不難看出荀子心性論研究在台灣此一研究領域之概略情形。根據以上論述，可以發現，此一研究領域在質和量方面，已呈現可喜之成績。雖然，在某些議題上，學者之觀點頗為分歧，然而，多元觀點之呈現，對於荀子心性論之把握，應有正面而實質之助益。底下筆者將針對台灣學界有關荀子心性論之研究成果作一回顧，並提出未來研究之展望。

第一節　荀子之心性論研究在台灣之回顧

　　有關荀子之研究，在台灣學界已作出極為可喜之成績。雖然性惡說乃荀子最著名之學說，有關荀子心性論之研究，可以發現，學者在某些議題上之觀點頗為分歧，其中有涉及荀子「性惡說之意義」、「性惡說之定位」等問題；在性惡說之意義方面，學者的主張有：人性本惡說、人性向惡說、人性向善說及人性是中性的等說法，本文在回歸到荀子之文本，根據荀子對於「性」之界定來加以探討後，發現，依荀子之意，「性」是中性的，本身無所謂善惡，而非如學者所言，人性是趨向於惡或是向善的。對於性惡說在荀子思想中之定位問題，學者之意見亦頗為分歧，有主張性惡說並非荀子學說之中心者，亦有認為性惡說在荀子思想中佔有中心地位。依本文之研究發現，荀子性惡說乃是針對現實中之惡的事實而提出，若無性惡說之建立，禮義即無存在之意義。可知，性惡說乃禮義或禮義之統之理論依據，因此，性惡說在荀子學

說中佔有中心地位。

此外，有關荀子學說中之心、性關係之研究，學者之看法多有不同，有認爲荀子是以「心」爲「性」者，亦有主張荀子不以「心」爲「性」者，本文在回歸到荀子文本，根據荀子對於「性」之界定來加以探討後，荀子除了以人之自然情欲及自然本能爲性之外，心同時也是性的內涵；故在荀學中，「心是性」的說法顯然成立。對於心在道德實踐上之意義及依據部分，有學者主張心僅具認知意義者，亦有學者認爲心有「自由意志」，在道德實踐上具有完全之主宰性；依本文之分析，可知荀子之心爲認知心，僅具認知意義，並非道德主體，亦不具自由意志，因此，在道德實踐上並無必然之保證。

第二節　荀子之心性論研究在台灣之未來展望

綜觀台灣學界有關荀子心性論之研究成果，可知，學界對於荀子之相關議題皆有深入之探討，且已有豐碩之成果，只是荀子性惡說之提出，其目的在成善或成德，而成德依據之探究實極爲根本且必要。

而筆者認爲，中國哲學所表現之主要型態爲「重德精神」，由孔子開其端，孟子建立其規範，而爲中國哲學之主流，荀子「禮義之統」思想的提出，發展了孔子之學，但禮義之統之把握，唯在於認知心，荀子由之轉於歷史文化，其所把握的心既是認知心，故常用智而重理，而爲重智之型態；孟、荀之學，其型態有異，然其爲學之最終目的，均在達致成德之要求，荀子爲儒家之成德功夫，開闢一條「由智達德」之路，其重智精神彰顯了知識乃道德價值之基礎之觀點，對於後世思想家自有深遠的影響；荀子學說之目的既在於道德哲學之建立，因此，未來有關荀子心性論之研究，或可著重於知識倫理學或道德知識論之探究。而荀子在〈性惡〉篇中極爲重視論證，因之，若將荀子書中之論證形式和結構予以重建，亦不失爲研究荀子哲學之新方向。

筆者以爲，欲了解一思想家之思想，除了要了解其所處之時代背景外，尚須理解此一思想家之思想對當時及後代之影響，荀子乃先秦創發性之思想家，其思想對當時及後世當然有廣泛而深入的影響，荀子由於重現實之符驗而主張性惡，並以爲純依人之性，必無法達致善之要求，且欲成善，則須靠外力加以改造。但荀子之心，能知仁義法正，而爲由惡向善之通路，受其影響之弟子韓非，將性惡說又推向極端，認爲人無法依乎禮義以成善。此外，

由荀子「禮義之統」思想所透顯之重智精神對於後世的影響，亦斑斑可考；
依此，荀子心性論對後世思想家之影響的研究，亦是極為重要之課題。

參考文獻

一、專著（依作者姓名筆劃為序）

1. 王先謙：《荀子集解》（臺北：藝文印書館，2000 年）。

2. 牟宗三：《名家與荀子》（臺北：學生書局，1979 年）。

3. 北大哲學系注釋：《荀子新注》（台北：里仁書局，1983 年）。

4. 司馬遷：《史記‧孟子荀卿列傳》（台北：中華書局，1997 年）。

5. 申先甲：《中國春秋戰國科技史》（北京：人民出版社，1994 年）。

6. 李滌生：《荀子集釋》（臺北：學生書局，2000 年）。

7. 李哲賢：《荀子之核心思想──「禮義之統」及其現代意義》（臺北：文津出版社，1994 年）。

8. 李哲賢：《荀子之名學析論》（臺北：文津出版社，2005 年）。

9. 何淑靜：《孔孟荀道德實踐理論之研究》（臺北：文津出版社，1988 年）。

10. 吳茹寒：《荀子學說淺論》（臺北：文津出版社，1989 年）。

11. 吳光：《儒家哲學片論》（台北：允晨出版社，1990 年）。

12. 周紹賢：《荀子要義》（臺北：台灣中華書局，1977 年）。

13. 周群振：《荀子思想研究》（臺北：文津出版社，1987 年）。

14. 胡適：《中國古代哲學史》（臺北：遠流出版事業股份有限公司，1994 年）。

15. 韋政通：《荀子與古代哲學》（臺北：臺灣商務印書館，1997 年）。

16. 韋政通：《先秦七大哲學家》（臺北：水牛圖書出版事業有限公司，1997 年）。

17. 唐君毅：《中國哲學原論‧原性篇》（台北：學生書局，1989 年）。

18. 翁惠美：《荀子論人研究》（台北：正中書局，1988 年）。

19. 徐復觀：《中國人性論史‧先秦篇》（臺北：臺灣商務印書館，1969 年）。

20. 徐平章：《荀子與兩漢經學》（臺北：文津出版社，1989 年）。

21. 陳大齊：《荀子學說》（臺北：中國文化大學，1989 年）。

22. 陳登元：〈荀子哲學〉，《民國叢書第四篇》（上海：上海書店，1933 年）。

23. 陳致平：《中國通史（一）》（上海：上海人民出版社，1991 年）。

24. 陳修武：《荀子：人性的批判》（台北：時報文化出版公司，1994 年）

25. 張覺：《荀子校注》（湖南省：岳麓書社，2006 年）。

26. 勞思光：《新篇中國哲學史（一）》（台北：三民書局，2002 年）

27. 馮友蘭：《中國哲學史》（台北：台灣商務印書館，1990 年）。

28. 程發軔主編：《六十年來之國學》（台北：正中書局，1975 年）。

29. 傅佩榮：《我看哲學》（台北:業強出版社，1985 年）。

30. 廖名春：《荀子新探》（臺北：文津出版社，1994 年）。

31. 廖吉郎校注：《新編荀子》（上冊）（台北：國立編譯館，1992 年）。

32. 楊筠如：《荀子研究》（上海：上海書店，1933 年）。

33. 楊寬：《戰國史》（台北：台灣商務印書館，1998 年）。

34. 楊秀宮：《孔孟荀禮法思想的演變與發展》（台北：文史哲出版社，2000 年）。

35. 蔡仁厚：《儒家心性之學論要》（臺北：文津出版社，1990 年）。

36. 蔡仁厚：《孔孟荀哲學》（臺北：學生書局，1999 年）。

37. 蔡錦昌：《拿捏分寸的思考：荀子與古代思想新論》（台北：唐山出版社，1996 年）。

38. 劉向：《戰國策》（台北：里仁書局，1990 年）。

39. 劉文起：《荀子成聖成治思想研究》（高雄：復文書局，1983 年）。

40. 龍宇純：《荀子論集》（臺北：學生書局，1987 年）。

41. 鮑國順：《荀子學說析論》（台北：華正書局，1993 年）。

42. 魏元珪：《荀子哲學思想》（台北：谷風出版社，1987 年）。

43. 鄺士元：《國史論衡》（第一冊）（臺北：里仁出版社，1980 年）。

44. 譚宇權：《荀子學說評論》（台北：文津出版社，1994 年）。

二、期刊論文（依作者姓名筆劃為序）

1. 王邦雄：〈論荀子的心性關係及其價值根源〉，《鵝湖學誌》第 8 卷第 10 期（1983 年 4 月），頁 25～31。

2. 朱心怡：〈論戰國時期儒家心性之學的發展〉，《成大中文學報》第 13 期（2005 年 12 月），頁 1～30。

3. 杜保瑞：〈荀子的性論與天論〉，《哲學與文化》第 34 卷第 10 期（2007

年 10 月），頁 45～63。

4. 吳元鴻：〈荀子性惡說之勝義——「人可善可惡論」〉，《臺東師院學報》第 4 期（1992 年 6 月），頁 81～102。

5. 吳文璋：〈荀子論心和韓非子所蘊涵的心論之比較研究〉，《成大宗教與文化學報》第 8 期（2007 年 8 月），頁 1～16。

6. 李宜庭：〈試析《荀子》「心」的意涵——兼及道德實踐之困境〉，《中國語文》104 卷 2 期（2009 年 2 月），頁 30～43。

7. 林啓屏：〈荀子思想中的「身體觀」與「知行觀」〉，《中華文化的傳承與拓新——經學的流衍與應用國際學術研討會論文集》（台北：銘傳大學應用中文系，2009 年），頁 125～143。

8. 周天令：〈「荀子是儒學的歧出」隻商榷〉，《孔孟月刊》第 42 卷第 10 期（2004 年 6 月）頁 31～38。

9. 周德良：〈荀子心偽論之詮釋與重建〉，《臺北大學中文學報》第 4 期（2008 年 3 月）頁 135～164。

10. 唐端正：〈荀子言「心可以知道」釋疑〉，《新亞學報》第 22 期（2003 年 12 月），頁 11～19。

11. 翁惠美：〈荀子學說對於「人生價值」的探尋〉，《孔孟月刊》第 41 卷第 1 期（2002 年 9 月），頁 1～6。

12. 陳德和：〈荀子性惡論之意義及其價值〉，《鵝湖月刊社》20 卷 3 期（1994 年 9 月），頁 19～27。

13. 許宗興：〈荀子心析論〉，《台北大學中文學報》第 2 期（2007 年 3 月），頁 51～78。

14. 黃秀仍、羅娓淑：〈荀子〈性惡篇〉探析〉，《遠東通識學報》第 4 卷第 2 期（2010 年 7 月），頁 11～22。

15. 馮耀明：〈荀子心性論新詮：附〈榮辱〉篇 23 字衍之糾謬〉，《國立政治大學哲學學報》第 14 期（2005 年 6 月），頁 169～230。

16. 潘小慧：〈荀子的「解蔽心」——荀學作爲道德實踐論的人之哲學理解〉，《哲學與文化》第 25 卷第 6 期（1998 年 6 月），頁 516～536。

17. 劉振維：〈荀子「性惡」說芻議〉，《東華人文學報》第 6 期（2004 年 7 月），頁 57～92。

18. 鄧小虎〈《荀子》中「性」與「偽」的多重結構〉，《國立臺灣大學哲學論評》第 36 期（2008 年 10 月），頁 1～28。

三、學位論文（依作者姓名筆劃為序）

1. 朱雅鈴：《荀子價值觀之研究》（嘉義：國立嘉義大學中國文學系碩士專班碩士論文，2005 年）。

2. 林耀麒：《荀子心性論之研究》（台北：輔仁大學哲學研究所碩士論文，2009 年）。

3. 范家榮：《荀子論「心」之學的研究》（台北：輔仁大學哲學研究所碩士論文，2005 年）。

4. 陳禮彰：《荀子人性論及其實踐研究》（台北：台灣師範大學國文研究所博士論文，2008 年）。

5. 楊美瑳：《荀子性論研究》（台北：中國文化大學中國文學研究所碩士論文，1973 年）。

6. 楊秀宮：《荀子心性論之研究》（台中：私立東海大學哲學研究所碩士論文，1982 年）。

7. 劉素香：《荀子禮論性論及其關係之研究》（高雄：國立中山大學中國語文學系研究所碩士論文，2002 年）。

8. 劉乃華：《荀子道德思想之研究》（嘉義：南華大學哲學研究所碩士論文，2002 年）。

9. 蕭振聲：《荀子的人性向善論》（台北：國立臺灣大學哲學研究所碩士論文，2006 年）。

10. 鍾曉彤：《荀子的人性論與理想社會研究》（台北：東吳大學哲學研究所碩士論文，2008 年）。

11. 戴志村：《荀子性惡論新詮》（台北：國立政治大學哲學研究所碩士論文，1998 年）。

12. 薛智慧：《論荀子思想中的「性」與「心」》（嘉義：南華大學哲學研究所碩士論文，2009 年）。

13. 蘇婺雰：《荀子「禮」學研究──以性、心、學為基礎》（台北：輔仁大學哲學研究所碩士論文，1999 年）。